SHODENSHA SHINSHO

異形の政権

――菅義偉の正体

佐藤 優
山口二郎

JN110573

祥伝社新書

はじめに――日本の危機を象徴する政権

佐藤　優

私は前著『長期政権のあと』（祥伝社新書）で、安倍晋三《あべしんぞう》政権とは複数の利害関係者から構成されるシステムであるとの見方を示した。一種の「首相機関」が成立しているという仮説だ。菅義偉《すがよしひで》政権も、首相機関を継承している。ただし、新たな要素が加わった。菅首相個人への権力集中が強まったのだ。対して、首相機関自体は弱体化した。

それは、官邸官僚の機能に変化が生じたからだ。安倍官邸においては、今井尚哉《いまいたかや》首相補佐官兼秘書官が、政権を支える利害関係者の調整を行なっていた。そして、北村滋《きたむらしげる》内閣情報官（政権末期には国家安全保障局長）が類《たぐ》い稀《まれ》なインテリジェンス能力を駆使して、情報面で支えた。菅政権になると、今井氏は内閣官房参与に退《しりぞ》き、北村氏は国家安全保障局長の職務である外交と安全保障に専心するようになった。二〇二一年七月、北村氏は退任し、秋葉剛男《あきばたけお》前外務事務次官が国家安全保障局長に就任した。菅政権において、安倍政権で今井氏・北村氏が果たした機能を継承する官邸官僚はいない。

安倍政権においては、菅官房長官も首相機関の調整機能を果たしていた。しかし菅政権において、加藤勝信《かとうかつのぶ》官房長官はその機能を果たしていない。より正確に言うと、菅首相は、政権を支える利害関係者間の調整を行なう機能を果たさないような人物を官房長官に据えたのだ。安倍政権で菅氏・今井氏・北村氏が果たしていた機能は、菅首相自身が果たしている。これが、議院内閣制でありながら、権力が極度に首相に集中する大統領型の「異形の政権」の基本構造なのである。

野党を含む日本の政治構造自体を分析すると、絶対的には、自公連立政権は弱体化している（正確に言うと自民党の急速な弱体化であり、公明党の力に変化はない）。しかし、政権危機は生じていない。理由は、与党を上回る勢いで野党が衰弱しているからだ。例外は、革命政党である日本共産党だ。共産党だけは、党勢を拡大している。

コロナ禍で戦時体制に準じるような緊急事態が一年八カ月間も続いているにもかかわらず、与野党の政治家には緊張感が欠け、不祥事（収賄《しゅうわい》のような権力犯罪を含む）が多発している。官邸に権力が集中するのに反比例して、霞《かすみ》が関《せき》（官界）にも緩《ゆる》みが生じている。経済産業省の若手キャリア官僚二人によるコロナ禍対策の「家賃支援給付金」詐取事件は、官僚の犯罪と言うよりも、頭脳は明晰《めいせき》でも犯罪性向が高い若者が私的利益を追求するために経産省に潜入したとしか思えないような、従来とは位相を異《こと》にする犯罪だ。全省府を徹底的に調査すれば、類似の事件が出てくると思う。

このような日本政治（官僚機構を含む）の宿痾《しゅくあ》を、早急に治療しなくてはならないことは明白だ。このまま事態を放置しておくと、日本は奈落の底《そこ》に沈んでいく。

山口二郎先生は、立憲民主党が共産党を含む野党共闘で政権交代を行なうことが適切な処方箋と考えて論陣を展開するとともに市民運動を組織し、活動している。いっぽう私は、コロナ禍では混乱を避けることが第一義的課題と考えている。政権交代を避け、与党と官僚機構の綱紀《こうき》粛正《しゅくせい》を実現させる努力を続けることが、現状では最適解と信じている。

二人は現下の日本政治に対する現状認識がほぼ同じであるのに、なぜ実践的な方針がここまで異なってしまうのか。山口先生は一九五八年七月生まれ、私は一九六〇年一月生まれとほぼ同世代であるから、世代的ギャップから生じる差異ではない。おそらく、私が一九八七年八月から一九九五年三月までソ連（のちロシア）のモスクワに在住し、ソ連崩壊を身近に見てきたことが、見解の差が生じる最大の原因だと思う。

ソ連崩壊は、社会主義から資本主義への革命であった。現在のロシアでは、この革命を「混乱の一〇年間」と呼ぶが、社会的格差の拡大や内戦など、多くの普通のロシア人が苦しんだ。資本主義から社会主義、社会主義から資本主義というベクトルは基本的問題ではない。原罪を持つ人間が悪を犯すという認識を欠いて、人間の力によって理想的社会が建設できるという革命の思想自体が危険なのだ。

私がモスクワにいる間、日本ではポストモダンの嵐が吹き荒れた。その結果、価値相対主義が知識人の主流になっている。思考実験ならそれでもいいが、現実政治に関しては、啓蒙的理性にもとづく対話によって代表民主制を機能させることを最後まであきらめてはいけないと私は考えている。この点で、山口先生と私は共通の土俵で努力している。

本書を上梓するにあたって祥伝社の飯島英雄氏、フリーランスライターの戸井薫氏に大変お世話になりました。どうもありがとうございます。

二〇二一年八月、曙橋（東京都新宿区）にて

目次

第二章　菅政権の権力構造

第三章

総理総裁への道はどう変わったか

第四章 短期政権になる宰相、ならない宰相

第五章　新たな世界地図

第一章

異形の権力者・菅義偉

「異形の政権」の誕生――佐藤

二〇二〇年八月二八日、安倍晋三前首相が突然の辞任を表明します。私はその一カ月前、安倍政権（二〇一二年一二月～二〇二〇年九月）後を次のように予測しました。

「過去の『長期政権のあと』が示しているとおり、短命政権がいくつか生まれて、混乱の時代が続く」「野党の現状を見ると、政権交代の可能性は低い。（中略）コロナ禍で混乱を嫌う傾向が、国民の間で強まっています。そうすると、安倍後の混乱を嫌って、今の政権を消極的に支持する人が多数派になる可能性は十分ある」（佐藤優・山口二郎著『長期政権のあと』祥伝社新書）。

その後の自由民主党総裁選挙（以下、総裁選）に、「新型コロナウイルスの感染拡大防止と社会経済活動の両立をはかる」ことを訴えて出馬、勝利したのが菅義偉首相です。

私は、菅さんをこれまでの首相にないタイプ、すなわち「異形の権力者」と見ています。通常、首相は自分が所属する政党・派閥に依存して権力を行使、政権を運営していきます。しかし、菅さんはそうではない。

平成研究会《へいせいけんきゅうかい》（田中角栄《たなかかくえい》元首相が率いた木曜《もくよう》クラブから竹下登《たけしたのぼる》元首相が率いた経世会《けいせいかい》［第三

章で詳述）が生まれ、経世会は平成政治研究会《へいせいせいじけんきゅうかい》を経て一九九六年に平成研究会へ改称）、宏池会《こうちかい》（池田勇人《いけだはやと》元首相が率いた派閥。第三章で詳述）に一時籍を置きましたが、二〇〇九年以降は無派閥を通しています。ですから、自民党政権で事実上はじめての無派閥の首相であり、党内に確たる支持基盤を持っていません。

菅さんは権力を属人的に集中して運用し、ワンマン的な政治手法で政権を運営しています。具体的には、二階《にかい》（俊博《としひろ》）派、麻生《あそう》（太郎《たろう》）派の均衡の上に成り立っている。しかし、これは菅さんにとって、やりにくいどころか権力を運用しやすい構図です。両派が主導権争いで牽制し合えば、菅さんへの干渉や抑え込みが弱くなり、自身への権力を集中させやすくなるからです。

戦後の首相で、権力を最初に属人的に運用したのは、小泉純一郎《こいずみじゅんいちろう》元首相（在任・二〇〇一年四月～二〇〇六年九月）です。小泉さんは二〇〇一年の総裁選直前、会長を務めていた清和政策研究会《せいわせいさくけんきゅうかい》（福田赳夫《ふくだたけお》元首相が率いた清和会《せいわかい》から21世紀《せいき》を考《かんが》える会《かい》・新政策研究会《しんせいさくけんきゅうかい》を経て、一九九八年に清和政策研究会へ改称。以下、清和会。第三章で詳述）を離脱しています。当時の最大派閥・平成研究会が推す橋本龍太郎《はしもとりゅうたろう》元首相（在任・一九九六年一月～一九九八年七月）に対抗するため、「脱派閥」というイメージ戦略を掲げたのです。さきほど、菅さんを「事実上はじめての無派閥の首相」と述べたのは、小泉さんという先達《せんだつ》が存在するからです。

小泉さんは同総裁選に逆転勝利を収めると、その後の衆議院議員総選挙（以下、衆院選）などを経て、権力を自身に集中させていきました。組閣にあたっては、不文律で慣例となっていた派閥順送り型人事を無視し、閣僚・党ポストもすべて自分で決めてしまいました。しかし「脱派閥」はあくまでイメージで、小泉さんは清和会を基盤に、権力をさらに拡大していきました。

これに対し、菅さんは派閥に所属していませんし、衆院選も経ていません。ここに菅政権の脆弱性《ぜいじやくせい》があると思います。逆に言えば、それだけ異例なのです。「異形の政権」が生まれた背景には、小選挙区制度がもたらした政党政治の変容、とりわけ自民党の派閥の力が弱くなっていることがあります。

菅さんが首相になって約一年（二〇二一年八月末時点）、その政権運営や政策に対して、有識者とメディアはいまだに厳しい目を向けています。はたして、菅首相が混乱の時代の元凶なのか。それを読み解く鍵は、菅さんの権力の実体とその運用を分析・検証することにあります。本章では、首相就任前夜にさかのぼり、菅さんの政治姿勢・手法を論考し、「菅首相の権力とは何か」を明らかにしたいと思います。

権力の源泉――山口

わが国では戦後、吉田茂《よしだしげる》政権（一九四六年五月～一九四七年五月・一九四八年一〇月～一九五四年一二月）、佐藤栄作《さとうえいさく》政権（一九六四年一一月～一九七二年七月）、中曽根康弘《なかそねやすひろ》政権（一九八二年一一月～一九八七年一一月）、小泉純一郎政権、安倍晋三政権などの長期政権が存在しています。吉田政権は日本自由党→民主自由党→自由党と自民党の〝祖先〟であり、他もすべて自民党政権です。

その成立時期を見ればわかるように、次の長期政権まで少なくとも一〇年以上を要している。つまり、長期政権後の後継首相は短命に終わるわけです。実際、政権は一、二年で頻繁に代わっていますし、政治腐敗が露呈したこともありました。そして、政治は混乱に陥っています。

この政治的混乱は偶然ではありません。政権が長く続くことが自明視されれば、与党の政治家も官僚も、権力者に取り入って栄達をはかろうとします。また、権力者が長く君臨すれば腐敗が起こりやすい。そして、首相の周囲をお追従《ついしょう》を言う政治家・官僚が囲めば、政策の失敗や腐敗があっても、権力者にとって耳の痛い情報は届きにくくなる。長期政権が政策能力を失うのは、このためです。

また、長期政権を築いた権力者が、自分の地位を脅《おびや》かす者を排除すれば、次なるリーダーは育ちません。安倍晋三政権の末期がまさにこの状態でした。さらに、前の権力者の成功が大きければ大きいほど（長期政権）、後継者が誤りを正すことは難しいでしょう。

こうして、長期政権後は一転、短期政権が続くというわけです。

佐藤さんが言われるように、菅さんは「異形の権力者」です。無派閥だけでなく、非世《せ》襲《しゅう》の首相でもあります。非世襲の首相は、野田佳彦《のだよしひこ》元首相（在任・二〇一一年九月〜二〇一二年一二月）以来、自民党政権では森喜朗《もりよしろう》元首相（同二〇〇〇年四月〜二〇〇一年四月）以来です。森さんの父親は代議士ではなく町長ですから、自民党政権で非政治家までさかのぼると海部俊樹《かいふとしき》元首相（同一九八九年八月〜一九九一年一一月）になります。

菅さんが首相になれたのは、自民党の派閥が力を失っているからです。一九九六年の衆院選から導入された小選挙区制度が定着するにつれ、総裁・幹事長など執行部に権限が集中していきました。執行部は選挙の公認、政党交付金の分配を司《つかさど》ります。つまり議員たちは、生殺与奪の権を総裁・幹事長に握られている。中選挙区時代は、選挙資金や組織を派閥およびその領袖《りょうしゅう》に頼りましたが、今はそうではない。それだけ、執行部の力が強まっているわけです。

保守的な自民党のなかで、「リベラル派」と言われる政治家がそれなりに存在できたのも、中選挙区だったからです。数少ないリベラル派の生き残りである村上誠一郎《むらかみせいいちろう》さんからは、そのような嘆《なげ》きをよく聞きます。

また、菅首相誕生の要因として、世界的傾向である権威主義の台頭も大きいでしょう。権威主義とは、独裁・専制など一人あるいは少数の指導者に権力が集中する政治形態の総称です。その顕著な例が、コロナ禍を強権的な支配で抑え込んだ中国です。

菅さんも所管官庁に細かく指示を出すワンマン的手法を用いるなど、自身に権力を集中させ、みずから権力を行使しています。たとえば、携帯電話料金の値下げでは、総務省の担当官僚は大手三社がどの程度、値下げをしなければならないかまで、首相から直接指示を受けていたそうです。

菅さんには安倍政権の官房長官の頃から、権力への揺るぎない信奉があるようです。官房長官の主な役割は首相のサポートです。首相の目指す政策実現に向けて情報を集めたり与党や各省庁との調整をはかったりする。また、各省庁の官僚の人事にも携わる。つまり、権力を行使する最前線です。

このなかで、菅さんに特筆されることは人事です。菅さんは、著書のなかで「改革を実行するためには、更迭《こうてつ》も辞さない」（菅義偉著『政治家の覚悟』文春新書。ふりがなは著者、以下同じ）と述べているように、人事権を行使することで官僚の恐怖心に訴え、霞が関を支配してきました。

菅政権では、権力の運用を政党や派閥にゆだねていません。その運用が組織から個人に替わったのです。まさに、権威主義的な統治です。また菅さんは、国会答弁や記者会見など間接的な国民との対話も最小限です。これは「民《たみ》は由《よ》らしむべし、知らしむべからず」という支配原理を思い起こさせ、権威主義と言えるでしょう。

政治家と猜疑心《さいぎしん》──佐藤

話を菅義偉首相誕生に戻します。菅さんの著書『政治家の覚悟』には、官房長官時代のインタビュー（「文藝春秋」二〇一四年二月号）が収載されており、「私には、総理を目指すという気持ちは全《まった》くありませんから、あくまで自分は裏方に徹して、安倍政権の実績を積み上げていくことだけを考えているのです」とあります。

それは当時の偽《いつわ》らざる心境だったと思います。それが、ある時期から、「ポスト安倍は自分だ」となったのでしょう。

一般論として、共産党を含めて内閣総理大臣（首相）を夢見ない国会議員など一人もいません。それを考えないとしたら、利権だけを漁《あさ》っているような、ろくでもない政治家です。ですから、菅さんにもその思いはまちがいなくあった。ただ、その方法は、安倍晋三総理総裁に挑戦するのではなく、勇退を待って名乗りを挙げると決めていたと思います。菅さんは、安倍さんに警戒心を持たれないよう、細心の注意を払っていました。

安倍さんにかぎらず、権力の椅子に座った人は多かれ少なかれ、猜疑心が強くなります。安倍さんは第一次政権時（二〇〇六年九月～二〇〇七年九月）、参議院議員通常選挙（以下、参院選）に惨敗しています。党内から「安倍おろし」が起こり、石破《いしば》茂《しげる》さんたちに退陣を要求されました。この時、続投を求めたのが麻生太郎さんです。

二〇一二年一二月に首相に返り咲いた安倍さんは人をあまり信用せず、心を許すのは麻生副総理兼財務大臣、今井尚哉内閣総理大臣秘書官（当時）など、一部のかぎられた人だけでした。また、第一次政権で自分の足を引っ張り、総裁選で自分に挑戦した石破さんとその側近を冷遇しました。そのため、有力な後継候補がいない状態が続きました。

菅さんも猜疑心の塊《かたまり》のような政治家です。師事した梶山静六《かじやませいろく》元自民党幹事長の「官僚を信用するな」という教えを胸に刻《きざ》んでいるのでしょう。総理総裁の椅子に座った今、安倍さんの心情が手に取るようにわかると思います。

前述のように、菅さんは派閥を持っていません。ただ、首相就任前から、勉強会として三〇人ほどの無派閥議員が三グループに分かれ、菅さんと緩《ゆる》やかにつながっていました。しかし菅さんは、ここでも慎重な姿勢を崩さず、派閥活動とは一線を画していました。菅さんが出席して三つのグループが集まる定例会合もなければ、政治資金パーティで集めた資金をグループの面々の支援に充《あ》てることもしていません。内閣や党内人事で、彼らのために積極的にポストを獲《と》りにいくこともしませんでした。

そして菅さんは、安倍さんが政権を手放す直前まで「出馬は考えていない」と言い続け、安倍首相に忠誠を尽くす官房長官を印象づけていました。

安倍さんが辞任を表明したのは二〇二〇年八月二八日ですが、菅さんはその翌日には、気脈を通じていた二階俊博幹事長に出馬の意向を伝えています。二階さんは素早《すばや》く動くと、総裁選は党員投票をともなわない両院議員総会形式で行なうとぶち上げます。この時点で、地方党員の高い支持を生かしたい石破茂さんの勝利の目はなくなりました。九月二日、菅さんが出馬表明します。

事《こと》を成就《じょうじゅ》するには、誰を押さえて誰を抑えるかが重要ですが、一連の経過から、菅さんが準備万端であったことがうかがえます。

安倍前首相と利害が一致――山口

菅さんは首相の座を獲りに行って獲ったのではなく、チャンスが向こうから転がり込んできた感じがします。もちろん、「ポスト安倍は自分」という思いはあったでしょうし、準備をしていなければ、チャンスがめぐってきてもつかまえることはできませんから、慎重に準備をしていたと思います。

菅さんだけでなく、周囲も安倍長期政権が終わる「Xデー」に向けて準備していたように思います。たとえば二〇二〇年六月、菅さんは二階俊博幹事長から「安倍総理が4選するのが1番だが、仮に今の3期目で辞めることになった場合は、次は菅さん、あんたがやるべきだ」と水を向けられたと伝えられています（「NHK政治マガジン」二〇二〇年九月二三日）。

翌七月、安倍さんは雑誌のインタビューで、菅さんがポスト安倍の「有力な候補者の一人であることは間違いないと思います。ただ、菅総理には菅官房長官がいないという問題がありますが（笑）」と、参謀役不在の指摘までしています（「月刊Hanada」二〇二〇年九月号）。もう、流れができていたのです。

そして、安倍さんが健康上の問題から辞意を表明すると、みるみるうちに菅首相誕生の流れが加速しました。安倍政権を支え、そこから利益を得ていた政治家たちが、安倍さんが去ったあとも体制を維持しようと迅速に動いたからです。

体制とは、安倍さんの出身派閥である清和会と志公会《しこうかい》（麻生太郎派）や志帥会《しすいかい》（二階俊博派）を中心とした総主流派体制です。ただし、みんなで支えることで強固な政権をつくろうとしたわけではなく、権力に依存して選挙に当選し、人事でポストにありつこうという目論見《もくろみ》です。こうして、安倍さん・安倍さんを支えてきた人たち・菅さんの利害が一致して、菅政権が誕生したのです。

今の自民党衆議院議員五回生以下、つまり小泉純一郎さんの郵政選挙（二〇〇五年九月）以後に政界に入った人たちは、総主流派体制以外を想像できないのではないでしょうか。

プーチン大統領と菅首相の類似性──佐藤

私には、菅さんが、ロシアで絶対的権力を誇るウラジーミル・プーチン大統領と重なって見えます。実は、プーチンも偶然に国家のトップに立った政治家です。

ソ連のKGB（国家保安委員会。一九九一年解体）に所属していたプーチン中佐は一九九二年、四〇歳で予備役に編入され、地方行政（サンクトペテルブルク市）の場に身を置きます。四年後には中央政界に転じ、ロシア連邦大統領府第一副長官を経て、ロシア連邦保安庁（KGB第二総局［国内担当］の後身）長官に就任します。

一九九九年八月、プーチンはボリス・エリツィン大統領により第一副首相に任命され、一週間後にはエリツィンの汚職を追及していたユーリー・スクラートフ検事総長を失脚させます。同日、エリツィンは彼を首相に任命しています。一二月三一日、エリツィン大統領は突然、健康上の理由で任期前の辞任を表明すると、プーチンを大統領代行に指名するのです。これは、後継指名を意味しています。二〇〇〇年三月、大統領選挙に勝利し、正式に大統領に就任しています。

プーチンは当初、「自分の権力はエリツィンと側近たち、そしてオリガルヒ（権力者に近い新興財閥の総称）に譲《ゆず》ってもらった」と、謙虚に幸運を受け止めていました。実際、最初の大統領令は、エリツィンを生涯にわたって刑事訴追しないというものでした。

私が二〇〇〇年末、モスクワに出張した際、親しくしていたゲンナジー・ブルブリス（エリツィン政権初期の国務長官）が「最近、プーチンが教会に行き始めた」と言ったことが印象に残っています。ブルブリスいわく「プーチンの教会通いは、彼が神がかり化してきたからだ」。そして「大統領に就任してからのプーチンの意識は三段階で変わり、それにつれて政治姿勢・政策も変わってきた」と指摘しました。三段階とは「エリツィンやオリガリヒから譲られた→（選挙で）国民から選ばれた→神から選ばれた」の変化です。

前述のオリガルヒはエリツィン親族との癒着など、国民から腐敗の温床と見られていました。プーチンは、そのオリガルヒとの関係を断ち切ります。そして、「自分のようなKGBの中堅将校が国家の長になったのは、神によって選ばれたからに違いない、何か使命がある」との思いに至ります。そして教会通いが始まり、神がかり化していきます。プーチンはその後、国家第一で緊縮財政をはじめ、国民に嫌がられる政策を次々と強権的に執行していきました。こうして、権力を血肉にしていったのです。

どうですか、菅さんを彷彿《ほうふつ》させませんか。菅さんも安倍さんを「桜を見る会」の追及から守り、安倍政治の継承を唱えながらも、「国民の当たり前を実現する」とも言っています。その後、「コロナ禍のなか、首相に就《つ》いたのは特別な使命があるからだ」という境地に達しているのではないでしょうか。

緊急避難先としての政権――山口

力を弱めた派閥にとって、閣僚をはじめとする政府内のポスト、党役員のポストを得るには、党内主流派であることの重要性が増しています。安倍体制を維持したい人たちにすれば、菅さんが首相になれば、そのまま主流派でいられる。好都合なわけです。

いっぽうで、石破茂さん・岸田文雄《きしだふみお》さんをトップに戴《いただ》くことへの嫌悪・不安という打算も働いていました。石破さんが総理総裁だと、まちがいなく安倍体制は破壊される。麻生さんも、石破さんが大嫌いです。これは避けなければならない。岸田さんでは政権のエンジン役として心もとないし、ましてや選挙の顔にならないという不安があります。

こうしたなかで、「菅首相」は最大公約数だった。もっと言えば、「緊急避難」です。緊急避難ですから、その場しのぎの看板にすぎず、いつでも首をすげ替えられるという思惑もあったと思います。

自民党は、スキャンダルで倒れた政権のあとに清新なイメージを持つ人に一時《いっとき》の間、権力を預ける緊急避難を行ないます。たとえば、金脈問題で退陣した田中角栄政権（一九七二年七月～一九七四年一二月）後の三木武夫《みきたけお》政権（一九七四年一二月～一九七六年一二月）、女性問題で失脚した宇《う》野《の》宗佑《そうすけ》政権（一九八九年六～八月）後の海部俊樹政権（一九八九年八月～一九九一年一一月）などです。

三木政権は椎《しい》名《な》悦三郎《えつさぶろう》副総裁の指名、いわゆる「椎名裁定」によって生まれています。後継総裁をめぐって、大平正芳《おおひらまさよし》大蔵大臣（現・財務大臣）と福田赳夫前大蔵大臣の間で激しい抗争が起こり、党分裂の危機に瀕《ひん》します。そのため、椎名副総裁は大平・福田・三木・中曽根康弘の候補のうち、当事者二人と、もっとも年齢が若く将来の総裁候補である中曽根を除外し、残った三木を選んだのです。

海部政権はリクルート事件（一九八六年にリクルートが未公開株を政界・経済界などの実力者に贈与した汚職事件）の余波による産物です。派閥の領袖あるいは実力者である竹下登・安倍晋太郎《しんたろう》（安倍前首相の父）・宮澤《みやざわ》喜一《きいち》らは、事件に関与したことで表に出られない。そして、経世会主導で海部さんが選ばれたのです。

また、大平正芳首相急死後の鈴《すず》木《き》善幸《ぜんこう》政権（一九八〇年七月～一九八二年一一月）も緊急避難と言えますし（第三章で後述）、小泉純一郎政権も、ある意味で緊急避難と言えます。

小泉首相の前任者である森喜朗さんは度重《たびかさ》なる失言、えひめ丸事故（二〇〇一年、ハワイ沖で日本の高校生の練習船「えひめ丸」がアメリカの原子力潜水艦と衝突・沈没し、九人死亡）で問われた危機管理問題、外務省の機密費流用問題などがあり、退陣に追い込まれます。自民党自体への世論も厳しく、経世会主導のたらい回し人事との批判もあり、総裁選が行なわれました。総裁選では、最大派閥の経世会から出た橋本龍太郎元首相の勝利が有力視されていましたが、清新なイメージが強い小泉さんの演説に魅了された国民の間に、待望論が沸《わ》き起こり、逆転勝利したのです。

自民党の議員たちは本心では、「自民党をぶっ壊す」と絶叫する小泉さんを首相に戴きたくない。しかし、森さんのままでは選挙に負けてしまう。ここは絶大な小泉人気に乗っかり、選挙に勝利しよう。つまり、緊急避難と考えたのです。

安倍政権はスキャンダルで退陣したわけではありませんが、健康問題など唐突感がありました。もたもたしていると、石破さんに権力をさらわれる。また、主流派と非主流派で激しい抗争をすれば、自民党のイメージダウンにつながりかねず、選挙で負けるかもしれない。ここは緊急避難として菅さんでいこう――となったのでしょう。

ちなみに、三木さんは三木派、海部さんは三木派を継いだ河本敏夫《こうもととしお》派に属していました。党内では弱小派閥でしたが、権力から疎遠だからこそ清廉なイメージがあり、それゆえ緊急避難先となったわけです。しかし、菅さんは無派閥ですから、その点から見ても異例です。

石破茂氏排斥のために――佐藤

なぜ総裁選が石破さんを排斥する場になったのか、別の観点から説明しましょう。

私は、前著『長期政権のあと』において、安倍政権を「首相機関説」と分析しました。憲法学者の美濃部達吉《みのべたつきち》は戦前、天皇を国家の一機関と見なす「天皇機関説」を唱えました。大日本帝国の政策は天皇の名のもとに発せられましたが、実際に政策を立案していたのは政治家・官僚です。天皇は、彼らの政策を基本的にはそのまま裁可していました。まさに機関に徹していたのです。

安倍政権下でも、さまざまな政策が安倍首相の名のもとに実施されましたが、立案していたのは、主に「官邸官僚」と呼ばれる一群です。安倍首相は、彼らの政策提言を受け入れない時もありましたが、政権後半になると、強いイニシアティブを発揮することはありませんでした。彼らからすれば、自分たちのやりたい政策を実現でき、しかも霞が関に君臨できる都合の良い仕組みです。彼らは自然と安倍首相の意向に沿った行動を取るようになり、首相機関を害する存在を排除するようになりました。

国会議員も同様です。政権が長期化することで、首相機関の意向に沿って動くようになりました。小選挙区制では、強大な与党でも、強い風が吹けばあっという間に野党に転落します。ですから、身分が保障される「今の政治システム」を維持しようとする。

その意味で、次期首相にもっとも適していたのが、菅さんだったのです。岸田さんでも現在のシステムは継続されたでしょうけれど、菅さんのほうがシステムの弱体化を防ぐことができます。それは、菅さんが公明党と良好な関係にあるからです。安倍政権末期には、公明党の存在感が強まり、公明党の了解なしに政策が進められないといったことがしばしば起こりました。選挙を含め、公明党の協力を抜きには考えられないのです。

いっぽう、石破さんは既存の政治システムに基盤がありません。自民党国会議員の支持が少ないだけではなく、総裁選で露呈したように、地方にも基盤がない。また、資本主義社会ではカネと権力は代替関係にあり、カネを握っている人たちに権力が集まります。日本で言えば、経団連（日本経済団体連合会）です。石破さんは、その経団連からも支持されていません。

石破さんが権力を握るなら、既存のシステムそのものを破壊するしかありません。そのためには安倍政権のシステムの外側にいる勢力、検察と手を結ぶ必要があります。黒川弘《くろかわひろ》務《む》検事長の定年延長問題をめぐる騒動で明らかになったように、検察だけは安倍さんを中心とする政治システムに組み込まれていませんでした。検察中枢は、黒川問題が賭け麻雀問題に矮小化されたことに不満を抱いていました。彼らは、石破さんと利害が一致していたのです。

石破さんは森友《もりとも》・加計《かけ》問題、桜を見る会をめぐる疑惑にしばしば言及していましたが、これは検察に秋波《しゅうは》を送るためだったと思います。ということは、石破首相が誕生していたら、検察の意向が通りやすくなる。これは安倍政権の首相機関からすれば、絶対に受け入れられないことでした。ですから、石破首相誕生だけはなんとしても阻止しなければならない。そのため、総裁選で敗北させるだけでなく、最下位にまで落とす。これが、自民党総裁選をめぐる構図です。

ミッションなき首相――山口

総主流派体制から誕生した菅政権ですが、コロナ禍への対応が後手《ごて》に回っていることから、「有事のリーダーとして適性か」「首相の資質に欠けているのではないか」などと批判を浴びています。菅さん自身も不適切な会食を糾弾されましたが、権力者である自分や政権の人間は自粛の対象外と考えているのかもしれません。

こうした菅さんの迷走ぶりを見るにつけ、政権におけるミッション（使命）の大切さを痛感しています。ミッションがどれだけ明瞭で具体的であるかで、政権の求心力や政策立案の出来不出来が違ってきます。

安倍さんは良くも悪くも、二度と政権交代を起こしてはならない、民主党のようなリベラル勢力が政権を握ることは阻止しなければいけない、との使命感が強烈でした。そのため、野党の政策が国民受けすると見るや、取り入れたりまねることを厭《いと》いませんでした。

たとえば、安倍政権が二〇一六年に打ち出した「一億総活躍社会」は、民進党が政策アジェンダ（課題）として掲げた「同一労働同一賃金実現」「最低賃金引き上げ（時給一〇〇〇円以上）」「教育無償化」「給付型奨学金」などを取り込んでいます。安倍政権に批判的な私も、政権運営のためのアジェンダ設定の巧《たく》みさ、政策立案マシンとしての官僚組織の掌握については高い評価をしなければなりません。

与党は予算作成を主導できますから、政策の予算づけが可能です。対して、野党の政策には財源の裏づけがなく、言わば「絵に描いた餅」にすぎません。しかも、「政府・与党一体の原則」のもと、行政機関は野党への情報提供を拒《こば》むことが多い。そして、有権者に対して、政策実行能力を持っているのは自公連立政権だというアピールになるわけです。

官邸の首相機関は、全体を統括する人がいて、ブレーンをうまく組み合わせながら政策を次々と打ち出しました。安倍政権の中盤までは、その歯車がスムーズに回り、働き方改革や金融政策などの具体的な成果を出す好循環を生んでいました。

ただ、安倍さんがくたびれてきた政権末期になると、森友・加計問題、桜を見る会騒動などが起こり、そこにコロナ禍が襲来して、政権の体力は消耗していきました。同時に、首相機関の力が落ち、これが菅政権になると、めっきり影が薄くなっている感じがします。

菅さんは首相となる段取りをつけることはできても、政権のミッションを具体的に設定できなかったのでしょう。コロナ対策が最大のミッションであることは十分わかっているけれど、具体的な政策に乏《とぼ》しいことが露呈してしまいました。それは菅さん自身が、起こっている問題に対してアジェンダを設定して知恵を結集し、おカネを動かして政策を成就する政治家としての成功体験を持っていない、もしくは少ないからでしょう。人事と情報をコントロールする官房長官というポストでは、そのような具体的な仕事ができなかったのです。

私は、菅政権は正統性と有効性の両面で危機に陥っていると考えています。

正統性とは、権力の成立根拠に関する国民の了解です。これは手続き的な正統性だけでなく、為政者が国民とともにあるという感覚が重要です。わかりやすく言えば、国民から見て、権力者は正直・誠実に仕事をしているという信頼や、国民と同じ法に従っているという共感から生まれる感覚です。特に、偉い権力者も人民と同じ法には従わなければならないという法の支配の原理は、権力の安定にとって重要です。

安倍前首相の「嘘《うそ》」の繰り返しによって政府は信頼を失い、後継である菅政権の信頼も損《そこ》なわれつつあります。その政府が緊急事態宣言に刑事罰を盛り込もうとすれば、世論が反発するのは当然です。自民・公明両党の有力議員が銀座《ぎんざ》で夜遊びしたことの責任を取って離党や議員辞職をしましたが、権力者と国民が完全に遊離しているという不信感は簡単には拭《ぬぐ》えません。

有効性とは、前述のように、適切な政策を実行して問題を解決する能力です。二〇一九年末以来のコロナ禍は政府の無策あるいは愚策、すなわち政治指導力の欠如がもたらした人災であるとの感覚が広がっていることは、各種の世論調査が示しています。ワクチン担当大臣なども、屋上屋《おくおく》を架《か》す結果です。

コロナ禍にともなう経済的な支援策のなかには、生活福祉資金の特例貸付のように巨額の予算を計上しているものもありますが、疲弊した医療現場や困窮者に届いていない現実があります。

権力の属人化――佐藤

政府のコロナ対策は、「クライシス」と「リスク」がごっちゃになっているように見えます。クライシスとは「予測が難しく対応を誤ると死んでしまうような危機」であり、危機を収束させるための事後対応です。対して、リスクとは「予測可能で対応できる危機」ですから、危機を発生させない対策を事前に講じることができる。また、危機が発生した場合でも、危機管理マニュアルで対応できます。

たとえば、ＰＣＲ検査の拡大やワクチン・治療薬の緊急承認はクライシス対応をするべき課題です。三密回避や休業要請、マスク着用も同様です。対して、リスク対応をしなければいけなかったのが、ワクチン開発や医療体制の充実です。ところが、とにかく危機で大変だと、すべてがクライシス対応となってしまいました。医療体制の増強など一年経っても、泥縄的で抜本的な改善がなされていません。

こうなっている理由のひとつは、菅さんがコロナ対策は言わば戦時体制であり、「日本国家と日本民族の生き残りが私の使命だ」として、グランドデザインどころではない、何よりも生き残ることが重要と考えているからでしょう。

もうひとつは、菅さんが権力を自身に集中させるがゆえに、首相機関がうまく機能していないからです。山口さんが指摘されたように、首相機関の力が落ちているのです。

首相機関の重要な仕事は、省庁の利害調整です。各省庁は自分たちが実現したい政策を上げてきますから、首相機関はそれらをうまく調整しなければなりません。この調整に失敗していることが、総務省官僚接待問題からうかがえます。

菅政権が誕生すると、菅首相が総務省との関係が深かったこともあり、総務省が最大の利害関係者になりました。安倍政権時代には、多くの利害関係者のうちのひとつにすぎなかった総務省が一気に最大権力を握ったのですから、霞が関のバランスが崩れるのは無理もありません。他の省庁に不満が溜《た》まりました。

総務省内部にも混乱をもたらしました。総務省は二〇〇一年の省庁再編によって、自治省・郵政省・総務庁が統合されて誕生しましたが、採用や人事、組織文化などはバラバラのままでした。そのため、省内にミシン目のように亀裂が入っている「ミシン目官庁」と呼ばれていました。そのなかで、菅さんが優遇したのは旧郵政官僚たちでした。結果、省内の亀裂はさらに深まったのです。

このように、安倍政権時代に強固なシステムとなった首相機関は菅政権にも引き継がれたものの、うまく機能していません。これは、菅首相の政治スタイルの問題ですが、次章では菅政権の権力構造について、詳しく見ていきたいと思います。

第二章

菅政権の権力構造

長期政権か、短期政権か——山口

コロナ禍によって、菅政権の政策の弱点が露《あら》わになりました。

具体的には、特別定額給付金一〇万円の行政手続きに時間がかかるなど、デジタル化の遅れです。リーマン・ショック（二〇〇八年）の緊急経済対策として、二〇〇九年に実施された給付金と同様に、手続き・処理を各市町村の職員の手作業に頼るなど、一〇年以上経っても改善されていません。

普通の民主主義の国では、国民をある程度政府が管理して、必要ならサポートするシステムが構築されています。これが、日本ではできていない。行政におけるコンピュータ導入は四〇年前から始まっていますが、やっとデジタル庁をつくるというのですから、遅きに失した感があります。

もうひとつ、欧米諸国に比べて、ワクチン開発が出遅れていることにも衝撃を受けました。日本は製造業で優れた能力を持っていたはずなのに、決定的に遅れていることが浮き彫りになりました。

二〇〇九年にパンデミックとなった新型インフルエンザを受けて、鳩山由紀夫《はとやまゆきお》政権下でつくられた、有識者による「新型インフルエンザ対策総括会議」の報告書（二〇一〇年）には、保健所や危機管理を専門に担《にな》う組織、人員体制の強化など、さまざまなリスク対応の論点が提示されていました。しかし、安倍晋三政権になってからは、同報告書は顧《かえり》みられることなく、保健所などは統廃合で大きく数を減らされました。要は、感染症に対する警戒感が希薄だったのです。

このように、コロナ禍に対しての政策の有効性が問われるなか、菅政権は長期政権への基盤を固めていくのか、それとも短期政権になるのか、その分岐点に立っています。

安倍政権と菅政権の違い――佐藤

菅首相の政治スタイル（手法）を読み解くには、前章で触れた「猜疑心」がキーワードになります。

菅さんは首相就任時、官房長官時代の秘書官四人を首相秘書官に横滑りさせましたが、これは異例の登用です。本来、首相秘書官は各省庁の局長級から、官房長官秘書官は課長級から起用することが慣例ですから。気心の知れた秘書官を配置することで、政権の円滑なスタートをはかる考えと見る向きもありますが、私はそうではなく、自分への忠誠心が確かな人間を配置したと見ています。

安倍政権では、今井尚哉総理秘書官兼補佐官が官邸官僚を総括し、北村滋国家安全保障局長が情報面で支えるなど、役割分担がなされていました。今井さんは元通産省（通商産業省、現・経済産業省）事務次官を叔父に持つサラブレッドで、北村さんは叩き上げという違いがあり、また「陽《よう》の今井」「陰《いん》の北村」などと言われましたが、うまく嚙《か》み合っていました。

今井さんは民主党政権時代も資源エネルギー庁次長として政府を支え、北村さんも内閣情報官として野田佳彦政権に仕えていました。彼らは、誰が首相であろうと政権を支える、言わば「国家主義者」です。二人は、安倍政権に実績を積んでもらおうと、懸命に仕事に取り組んでいました。二人の存在なしに、安倍一強体制は考えられなかったと思います。ここが、菅さんと決定的に違うところです。

菅政権になると、今井さんは官邸の中心から去り、北村さんは国家安全保障局長の職務に専心後、二〇二一年七月に退任しています。

この影響は甚大です。和泉洋人《いずみひろと》総理補佐官が今井さんの役割を果たすとの見方がありましたが、そもそも菅さんは、和泉さんにそれを期待していないでしょう。つまり、下に統括者を置かずに、あくまで自分で権力を行使する。実際、首相機関が動いたという事例が見えていません。

これは、菅さんの政治スタイルの問題です。菅さんは、中世イタリアの政治思想家ニッコロ・マキアヴェッリを信奉していると言われています。

マキアヴェッリは「どのようにして追従者を逃れるべきか」として「自分の政体のなかから賢者たちを選び出し、選ばれた者たちにだけ、真実を告げる自由の機会を与えればよい。しかも他のことについては告げるのを許さずに、自分が訊ねた事柄にだけ——ただし訊ねる対象は万事にわたらなければならない——彼らの意見を言わせればよい。それから後は、自分独《ひと》りで、自分なりの方法で、決断を下さねばならない。（中略）彼ら以外には、誰にも耳を貸さずに、決断したことは推し進めて、あくまでもその決断を貫《つらぬ》かねばならない」と述べています（マキアヴェッリ著、河島英昭訳『君主論』岩波文庫）。菅さんは、このとおりのことを行なっています。

菅さんは、側近にも心を許していないようです。今井さんのような番頭をつくれば、番頭による情報の絞り込みがなされ、自分が操られるのではと考えているのでしょう。

安倍政権時代と比べて、警察への影響力が落ちていることも、官邸機能の低下につながっています。安倍首相は反共主義者だったこともあり、警察官僚に多くのポストを与え、警察の権限を拡大しました。それが情報コントロールにおいて、大きな役割を果たしていたのです。

しかし菅政権では、警察の影響力はきわめて限定的です。一部では、菅政権は警察出身の杉田《すぎた》和博《かずひろ》官房副長官に牛耳られており、菅内閣は「特高《とっこう》（特別高等警察。戦前、思想犯や政治犯を取り締まった）内閣」との批判がありますが、あくまで杉田さんが菅首相と属人的に近いというだけで、警察庁が政権内に入り込んでいるわけではありません。

他人に厳しい人——佐藤

意外かもしれませんが、菅さんは他人の話によく耳を傾けます。ではオープンな人かというと、そうではない。誰とも一線を画して、距離を置くようなところがあります。特に、首相になってからは、御簾《みす》（宮殿や神殿に用いられる簾《すだれ》）の奥にいるイメージです。小渕恵三《おぶちけいぞう》元首相に似ているようにも感じます。知人の新聞記者から聞いたのですが、彼が小渕番になって挨拶にうかがったところ、小渕さんは彼の顔を見るなり、「おまえ、あの時カレーを食べていたやつだな」と言われたそうです。

これは、小渕さんが自民党の幹事長時代のエピソードにさかのぼります。ある日、幹事長室で記者懇談が行なわれ、各社の番記者たちにカレーライスがふるまわれました。秘書からは「小渕は遅れるので先に食べていてください」と言われたので、みんなで食べていました。そこに小渕さんが部屋に入ってくると開口一番、「俺が来る前に食っていたのか」。その後、いっさい口を利《き》いてくれなかったそうです。小渕さんは外面《そとづら》がいいですが、人に対する好悪の感情が強く、しかも執念深い。そのため、当時の首相官邸はピリピリしていました。

菅官邸も同じ雰囲気があります。やはり官邸内がピリピリしていて、緊張感がある。たとえば、直面している問題に対して良い処方箋が出せない官僚は、菅首相から何を言われるかわかりません。菅さんからは、悪い話は聞きたくない・持ってくるな、というオーラが発せられています。これでは、官僚たちは寄りつかないし、積極的にアイデアを出そうとは思いません。

対して、旧安倍官邸は首相や秘書官たちが和気藹々《わきあいあい》として、アットホームすぎるくらいでした。秘書官が新しい政策を打ち出すと、別の秘書官が「それ、いいね」と盛り上がる。まるで、大学の学園祭の実行委員会のノリです。お仲間的な閉鎖的な集団になるという問題はありますが、アイデアが生まれやすい素地があったのは事実です。

安倍さんは気に入った官僚を優遇すると同時に、自分の方針に異を唱える官僚の首をすげ替える強権人事を行なっていました。首相機関の秘書官たちは言わば、安倍さんに選ばれたお気に入りで、官邸に長く留め置かれていました。菅さんも同じ手法を取っているのに、安倍官邸のようなノリや明るさがまったくありません。

これは、二人の出自の違いによるものと私は見ています。ご存じのように、安倍さんは父親が安倍晋太郎元外相、祖父が岸信介《きしのぶすけ》元首相、叔父が佐藤栄作元首相という政界のサラブレットであり、自民党のプリンスです。

他方、菅さんは実家が農家で、横浜《よこはま》市会議員からの叩き上げです。叩き上げの政治家は、権力の階段を上っていくうえで、多かれ少なかれ無理なことをしなければなりませんでした。自分にも厳しいけれど、他人にも厳しい。特に菅さんの場合、この特徴が顕著に出ているように感じます。

新たな権力構図――山口

菅さんは、自分の信じるところは頑《かたく》なに守る狷介《けんかい》な一面も持っています。たとえば、日本学術会議の会員候補六人が菅首相に任命されなかった問題で、学術会議は任命要求を続けましたが、菅さんは拒否理由の説明をすることなく要求に応じませんでした。

なぜ、これでもかというくらいにむきだしの権力を誇示するのでしょうか。彼は人間関係をすべて上下の支配・服従の関係でしかとらえられないのではないかとさえ思えます。まるで、前掲のマキアヴェッリの言葉「決断したことは推し進めて、あくまでもその決断を貫かなければならない」を墨守しているかのようです。

これは、梶山静六さんが菅さんに告げた「官僚は説明の天才であるから、政治家はすぐに丸め込まれる。お前には、おれが学者、経済人、マスコミを紹介してやる。その人たちの意見を聞いた上で、官僚の説明を聞き、自分で判断できるようにしろ」（『政治家の覚悟』）にも通じます。

私は、自身のツイッターで「菅首相は、安倍政権時代から、どんな間違いや罪を犯しても、絶対に認めず、謝らないという態度を『一貫』すれば、追及する方が手詰まりになり、国民も忘れるという成功体験に基づいて、失敗が明白でも修正しない。1つ謝ったら権力の土台が崩壊すると信じているからだろう」と断じました（二〇二〇年一二月一三日）。

菅さんは安倍政権では存在感が薄かった経済財政諮問会議を活用するいっぽう、企業人や各分野の専門家など民間人から知見を得て、それを政策に反映する手法を取っています。たとえば、トヨタ自動車の豊田《とよだ》章男《あきお》社長とは脱炭素をめぐって意見交換をしています。

そのうえで、その政策を管轄する省庁の閣僚・官僚に直接指示を出しています。派閥からの提言や要望をいちいち聞いていては、政策が制約を受けてしまうとの思いがあるからでしょう。安倍政権時代の首相機関に代わる、新たな権力構図が、ブレーン・閣僚・官僚の活用から見えてくるのです。

菅権力党――佐藤

菅さんの持つ権力を中心に総主流派体制となった自民党を、私は「菅権力党」と呼んでいます。

詳しくは次章で述べますが、かつて自民党総裁は権力闘争を勝ち抜いた派閥の領袖だけが就くことができる地位でした。派閥の領袖には適格条件があり、親分として子分となる数人ないし数十人の陣笠《じんがさ》議員（当選回数一〜数回）を束《たば》ねる統率力、資金供給力、面倒見の良さ、当選回数の多さ、一定の政治思想、山口さんが言うところのミッションを持っていることなどが挙げられます。

しかし、権力党の党首の条件は権力そのものだけで十分です。政治家・官僚・民間人に関係なく、菅さんとの距離が近ければ近いほど、実質的な権力を行使することができ、国家の意思形成に加わることができます。具体的には、政治家なら望むポストに就いたり、利権に近づきやすくなったりします。官僚なら、優遇されて自分がやりたい政策を実現させることができます。民間人の場合、政権中枢の情報が入るという恩恵を享受できます。

菅さんが「情報収集」「意見交換」と称して面会する民間人は、菅権力党の有力な「党員」なのです。彼ら党員（企業人・学者・ジャーナリストなど）は菅さんに直接結びつくネットワークとなり、政府と違うところで意思決定に加わり、政府を牛耳っていく。これは「闇の権力」と言うより、「ディープ・ステート（影の政府）」と言うべきものです。こうしたネットワークは、安倍政権時代の首相機関にもありましたが、それぞれが機関を構成する官僚に結びついていましたから、菅さんに直接結びつく権力とは異なります。

小泉純一郎さんも「小泉権力党」を築きました。総裁選直前まで清和会に属していた小泉さんは、反派閥的な言説が国民的人気を集めていましたが、首相になると、清和会がくっつきます。国民的人気（世論の支持）と派閥の力学が結びついた不思議な政権の誕生です。小泉人気が、強固な権力基盤をつくりあげたのです。

小泉さんは組閣にあたり、経済学者の竹中平蔵《たけなかへいぞう》さんを閣僚に起用するなど、派閥順送り人事を無視します。そのことで、国民の人気はさらに高まりました。他方、清和会は小泉権力党となって、田中角栄政権以降、最大・最強の派閥であった経世会を追い落とし、最大派閥へと勢力を拡大していきました。

しかし、これは小泉政権一代でなしとげられたものではありません。森喜朗政権・小泉政権二代にわたる成果と言うべきものです。

森さんが首相に選ばれたのは、経世会の領袖であった小渕恵三首相の急病により、党内の実力者である森幹事長（清和会）・青木幹雄《あおきみきお》内閣官房長官（経世会）・村上正邦《むらかみまさくに》参議院議員会長（志帥会）・野中広務《のなかひろむ》幹事長代理（経世会）・亀井静香《かめいしずか》政務調査会長（志帥会）、いわゆる五人組の支持によるものでした（役職・派閥は当時のもの）。青木さんら経世会にすれば、森さん（清和会）に一時、場所貸ししているだけで、いつでも取り戻せると高《たか》を括《くく》っていました。

いっぽう、鈴木宗男《すずきむねお》さん（経世会）は、森さんの腹を冷静に読んでいました。私に、「総務局長（現・選挙対策委員長）を持っていかれるぞ」と言っていましたから。自民党の総務局長は幹事長直属のポストであり、国政選挙・首長選挙・地方選挙などを責任者として手がけます。総務局長を務めると、それこそ自民党全議員の選挙区事情からカネやスキャンダルなど、表から裏まで知ることができます。小沢一郎《おざわいちろう》さんが一目も二目も置かれる存在になったのは、総務局長を経験して以降のことです。

鈴木さんは「官房副長官も取られたら、清和会が徹底的に経世会に手を突っ込んでくる。次で取り戻しておかないと、総理総裁の椅子は戻ってこない」とも言っていました。官房副長官は、党と官邸をつなぐだけではなく、官僚の要望を首相に報告すべきかを振り分けたり、各省庁に指示を出したりしますから、権限が集まりやすいポストです。そして、森さんは官房長官はもちろん、官房副長官と総務局長を清和会に入れ替えました。

鈴木さんの予測どおり、小渕さん以降、経世会から首相は出ていません。森さんの行動からは、権力はこうして使うものだということがわかります。人事は、使い方しだいで権力基盤を固めるツールになるのです。

菅さんには、森さん・小泉さんのように派閥という強固な党内基盤がありません。しかし、かつてに比べて派閥の力学は極小化していますから、党外に有力な支持基盤を持ち、官僚機構を把握していれば、十分に派閥に対抗できますし、それが菅さんの権力維持の秘訣です。無派閥・非世襲首相の面目躍如たる権力掌握術とも言えます。

官僚機構では総務省はもちろん、財務省・外務省が菅首相を支持しています。民間では、経団連・農協（農業協同組合）・日本医師会なども支持しています。反対する団体があるとすれば、菅さんが「合併などで中小企業を再編して、経営の効率化や生産性の向上をはかりたい」と発言しているように、中小企業が加盟する日本商工会議所あたりでしょうか。

いっぽう党内、特に菅さんの周囲には人材が見あたりません。総裁選で菅陣営の選挙対策本部事務局長を務めた吉川貴盛《よしかわたかもり》元農林水産大臣は収賄疑惑で、菅さんが重用《ちようよう》していた河井克行《かわいかつゆき》元法務大臣も公職選挙法違反に問われ、ともに議員辞職しています。

菅首相がしかけている権力闘争──山口

佐藤さんは、菅さんは党外に支持基盤を持つことで、脆弱な党内基盤を意に介さないと言われました。また第一章冒頭で、二階派・麻生派の均衡の上に立つ構図は菅さんにとっては好都合とも言われました。いずれも、興味深い指摘です。

私は、党内の主導権を争う二階さんと麻生さんと折り合いをつけていかなければならないとすると、政権運営の手枷足枷《てかせあしかせ》になるのではないか、総主流派体制での政権運営は窮屈で、かなり難題ではないかと思っていました。しかし佐藤さんは、それは菅さんの強《したた》かな権力掌握術だと言われる。

その観点で見ると、派閥に気を遣《つか》うどころか、逆に各派の影響力を削《そ》ぐという菅さんの権力闘争と読み解くことができます。それだけ、権力維持・拡大に細心の注意を払っている。それゆえ、政策は二の次になってしまうのかもしれません。

コロナ禍にある現在、政権は言わば「戦時内閣」であり、このような状況では政争は起きにくい。権力者にとって、きわめて好都合です。みずからの権力を維持して、仕事をきちんとしていれば倒れる要因はありません。ましてや、ワクチンが普及し重症者が減るなど有効なコロナ対策がひとつでも実現すれば、局面がガラッと変わるでしょう。一転、支持率が上向くこともありえるのです。

台湾のオードリー・タン（唐鳳《とうほう》）デジタル担当相は、立憲民主党の会合にオンラインで参加した際、コロナ対策について問われると「まずは政府が市民を信頼することが重要。そこが欠けていると、市民は何事も上から押しつけられているように感じる」と述べています（「朝日新聞デジタル」二〇二一年五月二一日）。

まったく同感です。首相は政策の最終責任者として、みずからの言葉で国民に語り、説明を尽くす必要があるのですが、菅さんの言葉からは「国民への信頼」が伝わってきません。国民にすれば、「押しつけられ感」があるから、緊急事態宣言が発せられても、回を追うごとに反発が強まるわけです。菅さんには、みずからの権力維持・拡大以上に国民への説明に注力してほしいものです。

三度目の安倍政権の可能性――佐藤

自民党の総主流派体制は、自民党議員や官僚たちが首相機関をはじめとした、安倍政権下で築かれたシステムに近寄ってきたから成立したのです。逆に言えば、菅さんではまずいなとなれば、スーッと離れていくでしょう。

とはいえ、既成のシステムにしがみついていたいから、このシステムを維持するためには誰かいないかとなります。そして、「菅さんより安倍さんだよなあ」となる可能性も完全に排除することはできない。安倍前首相の三度目の登板は、永田町《ながたちょう》の論理からすれば十分にありえるシナリオです。これは、国民からすれば権力の私物化としか映らない。そうすれば、本当の政治危機に見舞われます。

私は、首相機関というシステムは時代の仇花《あだばな》と見ています。のちの章で触れますが、菅政権は、外交面ではうまくいっています。それは、北村滋国家安全保障局長の属人的要素によるところが大きかった。その北村さんは二〇二一年七月に退任、秋葉剛男前外務事務次官が局長になりました。秋葉さんも能力がきわめて高く、菅首相の信頼も厚いので、外交については現在の水準を維持できるでしょう。

このことからもわかるように、首相機関の弱さは、属人的要素に支配されていることです。余人をもって代えがたい、代替不能な部品（人材）が多すぎるのです。その部品が壊れてしまえば、それまでです。これが霞が関の官僚機構であれば、そのようなことは起こりません。官僚はみな代替可能な規格部品だからです。

結局、安倍政権が長期政権であったがゆえに、安倍さんにオーラがついて独特のシステムになってしまい、その慣性力で動いていたわけです。

首相機関が機能低下を起こせば、内閣府の存在感も希薄になるでしょう。「首相機関による政策立案→内閣府が政策具現化→各省庁の執行」という仕組みが、菅さんによって崩れつつあるからです。では、それがマイナスに働くかというと、そうではない。官僚たちにすれば、これまでは「やらされ感」があって士気が上がらなかったものが、菅さんからの直接の指示のもとで政策の立案・具現化・執行を担うことができるからです。

「使用期限付き金券」の配布——佐藤

コロナ禍対策として、私は再度、全国民に一〇万円を配ることを提案します。ただし、現金ではなく「使用期限付き金券」にすべきです。

二〇二〇年に行なわれた特別定額給付金は、総事業費一二兆八八〇三億円と、コロナ禍対策でも飛び抜けて巨大でした。これは家計支援を主目的としていましたが、落ち込んだ消費への刺激策の狙いもありました。しかし、調査機関によって数字に幅があるものの、いずれも大半が貯蓄に回ったことが明らかになっています。

消費に回らなかったのは、将来への不安があるからでしょう。その経済効果は大きなものではありませんでした。銀行振込にするから使わないのであって、使用期限付きの金券なら、消費に回ります。ずっと手元に置いておいたら、紙屑《かみくず》になるからです。具体的には、税金の納付や金融商品の購入以外なら、公共料金の支払いを含め使用可能として、半年の期限をつける。こうすれば、現金を配布するよりも経済は温《あたた》まるでしょう。

ただ、自助を標榜する菅さんは、天から降ってくるようなおカネは出してはいけない、援助するのは努力している人でなければならないと考えるタイプですから、実行しないかもしれません。あるいは、すでに同様の案を提案した官僚がいて、却下されたかもしれません。

しかし、二〇二〇年には三十代以下の女性の自殺が前年より七割も増加しています。理由はさまざまでしょうが、おカネがあればコロナ禍による失業など、解決できる問題はかなりあるはずです。

ドイツのアンゲラ・メルケル首相は二〇二〇年四月、テレビで「連邦政府を頼ってください」と国民に語りかけました。菅さんも「国は最後の一人まで見捨てないで支援します。この一〇万円を、食べることなど生きるために使ってください」などと国民に訴えれば、政府は国民にできるかぎりのことをするというメッセージになります。それだけでも、わが国を覆《おお》っている閉塞感を打ち破ることができるはずです。

菅政治・最大の罪――山口

確かに、女性の自殺の増加やシングルマザーの生活が脅かされていることなど、新たな社会的危機とも言うべき問題が顕在化してきました。こうした社会的危機を、政府が収拾する段階に来ていると思います。

しかし、自助を強調する菅さんからは、社会的弱者への目配りが感じられません。国民は当初、非世襲で市会議員出身の叩き上げである菅首相に、自分たちと同じ目線に立つ政治家であることを期待しました。ところが、国民に自助を説きながら、安倍さんと同じく、自分や身内に甘い政治家であることが、総務省官僚接待問題などから明らかになった。

しかも、民主主義にもとづいて行なわれる民主政治は言葉がすべてであるはずなのに、菅さんはその言葉を軽んじています。言葉には意味があり、議論においておたがいに意味を共有したうえで言葉を投げかけ合い、それによって政治が成り立ちます。

菅さんは国会答弁でも記者会見でも、「その批判は当たらない」「仮定のことにはお答えできません」「お答えは差し控える」などを常套句にして、対話を拒否しています。言葉の軽視は、都合の悪いことへの追及を免《まぬか》れる、菅さんの政治手法でもあるのです。さきほど述べた、人間関係をすべて上下関係でとらえるという発想が、対話の拒否と結びつくと思います。

菅政治の最大の罪は、安倍政権の官房長官時代から、言葉による政治を壊してきたことにあります。言葉による政治を壊していくなかで、嘘が日常化していきました。確かに、政治に嘘はつきものでしょう。しかし、政敵を欺《あざむ》くことならまだしも、国民を騙《だま》すことを躊躇《ちゆうちよ》しない。政治家がそういう様《ざま》だから官僚も平然と嘘をつくのです。

「食言《しよくげん》」という言葉があります。一度口から出した言葉をまた口に入れる。つまり、前に言ったことと違うことを言うことで、嘘をつくことです。かつて、食言は政治家の政治生命を奪うという美風がありました。宮澤喜一首相は一九九三年、テレビの討論番組で「政治制度改革をやります」と言ったものの、それが守れなかったため、退陣しています。

菅政治のもうひとつの罪は、無責任がまかり通ることです。これは、言葉の崩壊と表裏一体です。民法第一条に「信義誠実の原則」が示されています。強制力があるからではなく自発的に約束を守る、嘘をつかないことが原則であると謳《うた》っているわけです。私たちは、言葉で約束したことを守れなかったら、なんらかの制裁を受ける、あるいは償《つぐな》いをしなければならないというかたちで責任を取ります。しかし、菅さんや周囲の政治家たちは、そうではない。

総務省官僚接待問題に長男がかかわっていた件では、菅さんは「私、完全に別人格ですからね」「政治責任の定義というのはない」と言ってのけました。まさに迷言です。親族の会社に便宜をはかったのではないかと指摘されれば、説明する義務があるはずです。「別人格」という言い訳は通りません。

これは安倍政権時代から続く風潮であり、それを菅さんが踏襲していると見ることもできます。安倍首相は二〇一七年、野党による臨時国会の召集要求に約三カ月も応じませんでした。日本国憲法第五十三条には、国会議員の四分の一以上の要求があれば、召集しなければならないとあります。しかし、何日以内に召集しなければならないという規定がないからと、ほったらかしにしていたのです。

さらに、禁止されていても罰則がなければ、違法行為ですら意に介さない。森友問題にしても、改竄《かいざん》は公文書偽造という罪になりますが、罰則規定がないことをいいことに、文書管理規定を無視して破棄してしまいました。まさに、「なんでもあり」です。

菅政治の言葉の軽視、それにともなう無責任体質、これらはどこかで歯止めをかけなければ、悪化・肥大化するだけです。

自公の権力争い——佐藤

政局が公明党抜きで語れなくなっているなか、菅政権の最大のネックが公明党です。

二〇二一年秋までに行なわれる次期衆院選において、自民党は議席を維持してきた広島三区を、公明党に明け渡すことになりました。公明党が公認した斉藤鉄夫《さいとうてつお》副代表（比例中国ブロック）の推薦要求を、飲まざるをえなくなったのです。

もともと広島三区は選挙区が自民党、比例は公明党と棲み分けがなされていて、公職選挙法違反で議員辞職した河井克行元法相の地盤でした。しかし、事件をきっかけに、公明党は支持母体の創価学会から「もう自民党は支援できない」と突き上げられ、自公の関係に亀裂が生じるのを覚悟で、斉藤さんの擁立を決断しました。創価学会にとって、自分たちが推薦する河井さんが起こした事件は、看過できない政治腐敗なのです。

　この騒動で、宏池会（岸田派）会長の岸田文雄さんは窮地に追い込まれました。宏池会にとって、広島県は岸田さんをはじめとして所属議員六人を抱える牙城《がじょう》です。当然、岸田さんは地元県連とともに、独自候補の擁立を主張しました。対して公明党は、岸田さんと疎遠な菅首相・二階俊博幹事長を味方につけ、そのうえで「斉藤擁立を認めないなら、全国の岸田派議員を支援しない」と脅《おど》しをかけました。結局、岸田さんは公明党の要求を受け入れることになります。

　一連の経緯において、岸田さんは大きなミスを犯しています。岸田さんは二〇二〇年一一月一八日、公明党に要求拒絶を伝えたのですが、この日は公明党の支持母体である創価学会創立九〇周年の記念日でした。公明党は「わざとこの日に拒絶を伝えてきたのか」と憤慨します。自民党にとっても、次の総裁選への出馬を目指している岸田さんにとっても、公明党は大事なパートナーです。その支持母体の創価学会の年間行事を把握していないことは、とても考えられません。こうした脆弱さが、菅政権のなかにあるのです。

　実は、広島三区から斉藤さんが出ることには大きな意味があります。創価学会は二〇二一年一月二二日に発効した核兵器禁止条約の批准を求めています。いっぽう、日本政府は安全保障政策をアメリカの核の傘に頼っていることを理由に、条約を批准しない立場にあります。公明党は与党として政府に参画していますから、条約批准に踏み込むことはできません。

そのようななか、斉藤さんは「条約に日本が署名をする環境、土壌をつくっていくことが大事ではないか」「オブザーバー参加を署名への地ならしにすべきだ」と発言しています。核廃絶は、創価学会の基本的価値観の一部です。広島県民、および創価学会の支持者たちの前で、核兵器禁止条約批准を捨ててしまっては選挙に勝てません。この自公の不一致は、政局に大きな影響を与えるかもしれません。自公間に、安全保障政策をめぐって亀裂が生じる可能性が潜在的にあるということです。

安倍政権下では憲法改正が論点になりましたが、菅さんが憲法改正を政治日程に載《の》せる可能性は低いと思います。国民は憲法改正に対して冷《さ》めた目で見ていますし、「平和の党」を標榜する公明党は戦後的価値観に拠《よ》って立っています。自民党が本気で憲法改正を行なうのであれば、公明党と別れなければとうてい無理です。しかし、そうすれば選挙で敗北しますから、その選択は取れません。

公明党は、ずっと自公連立を続けようと考えてはいないでしょう。公明党が自民党と連立を組む真意は、「与党であること」にあります。自力では政権が獲れない公明党にとって、連立与党であるなら、組む相手は自民党でなくてもいい。つまり、選択権は自民党側ではなく、公明党側にあるのです。

キリスト教でも、イスラム教でも、政治では与党側につくのが通例です。長く続く宗教は与党化するのです。世界宗教化している創価学会も、公明党への要請は与党であり続けることなのです。

共産党の連合政権構想――佐藤

次期衆院選をめぐっては、野党側にも地殻変動が起きています。共産党が野党連合政権樹立を目指して、活動を活発化させているのです。これは、菅政権・自公両党に大きな影響を与えることが予想されます。

共産党は、二〇二〇年一月に行なわれた第二八回党大会で「社会主義を当面、目指すことはない」と綱領を一部改定し、志位和夫《しいかずお》委員長は「まずは資本主義の枠内での民主主義革命を実現するというのが、わが党のプログラム」と語りました。小池晃《こいけあきら》書記長も、「立憲主義・格差是正・多様性、この三つを共闘の理念に据えて話し合えば、連合政権の合意をつくりあげることができる」と檄《げき》を飛ばしています。

共産党は、立憲民主党と統一戦線を組むことを最初のステップとしています。立憲民主党の議員を増やすことを目的として、全選挙区に共産党が持つ一万〜二万票を立憲民主党の候補者に回すのです。

共産党は、自党の議席数が劇的に増えるという幻想は捨て、共闘路線に舵《かじ》を切ったのです。また、〝お家の事情〟もあります。全選挙区に候補者を立てて供託金没収となると、それに耐えられる体力（資金力）がなくなってきています。さらに、自公の構図と同じように、立憲民主党の議員に共産党票がなければ当選できないという認識を持たせることで、同党の政策が共産党寄りになることも考えています。

では、野党連合政権ができるかとなると、それは「ノー」です。

日本は国家独占資本主義国であり、その独占資本を握っているのは経団連です。経団連が、共産党と組む立憲民主党を支援するとは思えません。また、経団連と立憲民主党を支える連合（日本労働組合総連合会）は、表と裏の関係にあります。官公労（日本官公庁労働組合協議会）は別にして、経団連傘下の組合は立憲民主党から離れていくでしょう。さらに、連合内の民間の産業別組織は共産党と反目し合っています。中小企業経営者や個人事業主も、共産党を支持しないでしょう。

立憲民主党にしても、共産党のコアな支持者をつかむことで、逆に保守層・中間層が離れていきます。ですから、政権交代の可能性はきわめて低いと言わざるをえません。野党連合政権構想は、かえって菅政権の延命に手を貸すことになるのです。

野党は棘《とげ》のあるウニ――山口

現状、自民・公明対立憲・共産の構図で戦ったら、自公が勝利するでしょう。政権交代はとても無理です。

自公の亀裂を突くという高等戦術を使えるのは、「無敗の男」と呼ばれる中村喜四郎《なかむらきしろう》さん（無所属→自民党→無所属→改革クラブ→無所属→立憲民主党）くらいしか見あたりません。実際、中村さんは共産党との統一戦線構築に踏み込んでいます。しかし、当面の目的は野党の議席を増やすことにあり、「次の選挙では政権交代ではなく、与野党伯仲《はくちゅう》が目標」と中村さんは言っています。

政権交代を実現するには、虫のいいシナリオですけれど、選挙は選挙で候補者調整を行ない、政権が視野に入った時、枝野幸男《えだのゆきお》立憲民主党代表が重要な政策をいくつか示して、「この指、止まれ」で呼びかけることしかないかもしれません。「政治を立て直そう」と、日本維新の会であれ、国民民主党であれ、自民党の一部であれ、賛同する人たちで連立を組むのです。かつての八党派からなる非自民政権・細川護熙《ほそかわもりひろ》政権（一九九三年八月〜一九九四年四月）のイメージです。

菅政権のこの体《てい》たらくのなか、野党の支持率は大きくは上がっていません。ネットなどの「野党は反対ばかりを言っている」というステレオタイプの批判への対応に苦慮する始末です。本来なら、総務省官僚接待問題などで国会が紛糾して、予算や法案の成立が大幅に遅れるということがあっても不思議ではないのですけれど、そうはならない。コロナ禍で問題山積のなかで審議拒否をしたら、強い批判を浴びることを恐れているのです。

確かに、対案を示すことは大事です。コロナ禍対策にしても、政府与党の政策がカバーできていない問題、たとえば低所得者層への支援など、野党の質問で厚生労働省の対応が変わった事例もあります。それはきちんと評価すべきです。いっぽうで、政権の嘘や無責任を糾弾するのも野党の仕事です。ここは遠慮する必要はありません。次の選挙に向けて、政策以前に政治家としての誠実さ・良心について問い質《ただ》し、与党と野党の違いを際立たせる必要があると思います。

二〇二一年四月二五日の三つの補欠選挙・再選挙（衆院北海道二区・参院長野・同広島）において、私は野党候補者を一本化するべきと考え、仲間とともに「市民連合（安保法制の廃止と立憲主義の回復を求める市民連合）」で活動しました。結果、三つの選挙とも一本化ができて勝利しました。ただし、反省点もあります。

構図としては立憲民主党が中央にいて、右側に国民民主党と連合の民間組合、左側に共産党が位置する構図ですが、政党同士で直接手を組むことがうまくいかなかったので、政党の間にわれわれのような市民団体が入ることで、選挙準備が進められました。この時の政党間をたとえるなら、棘のあるウニが付かず離れずといったところでしょうか。この時、具体的には、立憲民主党と共産党の協力による一本化に対して、連合内の産業別労働組合の一部が批判して、足並みが乱れました。政党間の協力は、言うは易《やす》く行なうは難《かた》しで、なかなか難しいものです。

政治を転換するには、国民的期待を喚起していく必要があります。たとえば、二〇二一年二月に立憲民主党が発表した「ｚｅｒｏコロナ」は、論議を呼び起こしました。そこには賛成意見も、反対意見もありますが、それでいいのです。国民に向けて発信していくことが重要なのですから。望むらくは、国民の多くが感じている「不安」を取り除くために、生活や雇用を守る政策を提示してほしい。

そして、それら政策とともに、「顔の見える政権構想」を示していただきたい。今の流れからすれば、枝野さんが首相候補になるでしょうが、一人では政治はできませんから、チームとしてどのような政治家がいて、各自がどのようなビジョンを持っているか、具体的な政権構想を見せてほしいのです。

安倍晋三氏封じ込めと検察――佐藤

菅政権を揺さぶる隠れたキープレイヤーとして、検察の存在は無視できません。

菅政権発足当初、安倍前首相の後援会が「桜を見る会」の前日に東京都内のホテルで開催した夕食会費用の一部を負担した疑いのあることが、読売新聞のスクープ（二〇二〇年一一月二三日）によって浮上しました。

本件の捜査を担当していたのは、東京地検特捜部です。前首相の秘書が関与する事件なので、情報はきわめてかぎられた人たちの間でしか共有されていません。すなわち、捜査を担当する検察官と検察幹部です。もちろん、首相官邸幹部には、極秘裏に情報が提供されているでしょう。常識的に推測すれば、読売新聞に情報を流したのは、官邸幹部か検察幹部ということになります。

その後は、検察しか持っていないと思われる捜査情報が報道されました。結果は、安倍さんも秘書も不起訴になりましたが、そこまでに要した時間は、菅さんが安倍さんを牽制するのに十分だったと思います。当時、安倍さんが清和会の会長に就いて、政局に強い影響を持つのではないかという憶測が出ていましたが、このことで「封じ込め」になったというわけです。

ただし、これを検察が菅政権のために行なったと見るのは早計です。検察は、時の政権におもねっていると世間に受け止められることを非常に嫌います。そこで、検察は二〇二一年一月、鶏卵生産・販売大手のアキタフーズをめぐり、菅さんの側近である吉川貴盛元農林水産大臣を収賄罪で起訴します。吉川さんは起訴前に議員辞職し、自民党からも離れています。

二〇二一年四月には、菅原一秀《すがわらいっしゅう》前経済産業大臣の現金配布問題も持ち上がりました。菅原さんも菅さんに近い政治家で、六月には自民党を離党し、議員辞職しています。

「桜を見る会」にしても、検察は安倍さんを不起訴にしましたが、検察審査会は二〇二一年七月三〇日、これを「不起訴不当」と議決しました。検察は再捜査をしなくてはなりません。再捜査の結果、不起訴という決定が覆《くつがえ》ることはないと思いますが、不起訴不当の議決は安倍さんに政治的打撃を与えます。その結果、安倍さんの再登板の可能性が低くなり、菅さんの総裁再選に有利に働きます。

このように、不祥事が相次いでいますが、いずれも「菅印」がついています。

さらには、菅首相の息子がからむ総務省官僚接待問題は今後どのように発展していくのか、検察の対処次第では、菅政権は大きなダメージを受けることになり、支持率低下は必至です。そうなると、メディアの菅バッシングも激しくなり、政権が危機的状況に陥る可能性が出てきます。検察の動向から、目を離せないのです。

第二章

総理総裁への道はどう変わったか

派閥抗争の始まり――山口

菅政権が「異形の政権」であることは、ここまでの論考で十分に理解いただけたと思います。本章では、菅政権を生み出した自民党の総裁がいかにして選ばれてきたかを見ていきたいと思います。一九五五年の自民党結党以降、総裁は二六人を数えますが、首相にならなかったのは、河野洋平《こうのようへい》さん・谷垣禎一《たにがきさだかず》さんの二人だけです。つまり、自民党総裁になることは首相になることであり、その変遷を見ることは、日本の権力がいかにして生み出されるかを読み解くことでもあるのです。

自民党は一九五五年一一月、自由党（総裁・緒方竹虎《おがたたけとら》）と日本民主党（総裁・鳩山一郎《いちろう》）が合併して誕生しました。初代総裁には、前年に首相に就任していた鳩山一郎さん（鳩山由紀夫元首相の祖父）が就任しています。

自由党は吉田茂（麻生太郎元首相の祖父）政権の与党であり、日本民主党は自由党を離党した鳩山さんら反吉田派によって結党されました。二党が合併（保守合同）したのは、同年一〇月に左右に分裂していた日本社会党（以下、社会党）が再統一されたことを受けてのものです。左派勢力の伸長に危機感を覚えた、財界らの後押しもありました。以降、自民党（保守）対社会党（革新）という構図で、政局は推移していきます。いわゆる「五五年体制」です。

外務省次官を経て政界入りした吉田さんと、東京市会議員から中央政界に歩を進めた鳩山さんは険悪な関係にありました。次に紹介するような遺恨があったからです。

一九四六年四月に行なわれた戦後初の衆院選で日本自由党が第一党になり、総裁の鳩山さんが首相に就くところでしたが、ＧＨＱ（連合国軍最高司令官総司令部）により公職追放になり、党総裁と首相への就任を外務大臣だった吉田さんに要請します。吉田さんは受諾の際、「復帰したらポストを返す」と約束します。

鳩山さんは一九五一年に追放解除になるのですが、吉田さんは池田勇人（大蔵省［現・財務省］次官）・佐藤栄作（運輸省［現・国土交通省］次官）・大平正芳（国税庁消費税課長）・宮澤喜一（蔵相秘書官）ら官僚出身者を中心とした「吉田学校」と呼ばれる集団を形成し、彼ら「官僚派」に支えられてワンマン体制を築いていました。結局、吉田さんはポストを返さず、約束を反故《ほご》にしてしまいます。なお、吉田さんは自民党には結党時には加わらず、鳩山さんの政界引退後である一九五七年に入党しています。

鳩山さんはこの遺恨から、河野一郎《いちろう》（河野洋平元衆議院議長の父、河野太郎《たろう》行政改革担当大臣の祖父）・大野伴睦《おおのばんぼく》・三木武夫ら「党人派《とうじんは》」を側近にして打倒吉田に精魂を傾けます。党人派とは、地方議会議員からの叩き上げや党組織でキャリアを積んでいった政治家のことです。

自民党結成の前年、吉田さんは内閣不信任案可決が必至という情勢で辞任。鳩山さんが念願の首相の座を手に入れます。しかし、二年後、鳩山さんが病気で総理総裁を辞任すると、官僚派と党人派の対立が激化し、以降、派閥抗争が繰り返されていくのです。

官僚派対党人派――山口

自民党の歴史を見ていくと、この党の多様性に気づかされます。官僚派と党人派に代表される人的な流れと、憲法問題を中心とする戦後体制の持続と否定、二つの軸で見ると、自民党の奥行きの深さがわかります。戦後日本で、ここまで奥行きの深い政党は存在しません。まあ、融通無碍《ゆうづうむげ》とも言えますし、寄り合い所帯とも言えます。

しかし、同じ寄り合い所帯でも、のちの民主党は権力欲という軸がないためにその弱さだけが目立ったのに対し、自民党はそれを時に疑似政権交代に転化させて組織防衛をはかる知恵がありました。この多様性は、歴史的な遺産であることが大きいと思います。戦前からの政治家は概して、天皇制の死守など保守で反共です。他方で、党人派の衆議院議員は自由民権運動の気風を受け継ぐ面もあり、国民の代表として政府・官僚と対峙する感覚も持ち合わせていました。それが、三木武夫さんなど党内野党的な政治家の原動力だったように思います。

五五年体制下、自民党総裁選では主流派・反主流派による激しい権力闘争が繰り広げられます。そして、反主流派は実質的な野党の役割を果たし、総裁派閥が代わることで、前述のように疑似政権交代がなされました。自民党のなかで、多少なりとも健全に民主主義を機能させる仕組みになっていたのです。

吉田茂首相以降、自民党は官僚出身者が主流派でした。そして、岸信介首相が一九六〇年の日米安全保障条約（以下、日米安保条約）の改定にともなう混乱で退陣後、戦後体制を前提とする官僚系政治家の支配が確立していきます。

党人派には「運」もなかったように思います。総理総裁が有力視されていた緒方竹虎さん・河野一郎さんはともに病《やまい》に倒れ、その機を逃しています。朝日新聞社主筆を経て政界入りした緒方さんは自民党結成の前年である一九五四年、吉田茂さんのあとを受けて自由党総裁になりましたが、体調を崩して一九五六年に急逝します。河野さんは同年代の官僚派の池田勇人さん・佐藤栄作さんに先を越され、佐藤さんの首相就任の八カ月後、失意のうちに急死してしまいます。

しかし、党人派の存在は自民党だけでなく、政党政治にも意味がありました。強い権力基盤を持った首相に対して、海千山千《うみせんやません》の三木武夫さん・松村謙三《まつむらけんぞう》さんなど党人派が、小といえども自派閥でゲリラ戦をしかけるため、野党よりもチェック機能が働いた側面があったからです。

たとえば、岸さんは鳩山一郎首相退陣後の総裁選で、二位・三位連合の石橋湛山《いしばしたんざん》通産大臣に敗れます。勝敗を決したのが、三木・松村の協力拒否でした。小派閥がキャスティングボートを握ったわけで、これは政党政治の活力でもあります。なお、石橋さんは、東洋経済新報社社長を経て政界入りした党人派です。『岸信介証言録』(原彬久編、中公文庫)を読むと、岸さんが三木・松村を蛇蝎《だかつ》のごとく嫌っていたことがよくわかります。

戦前の帝国議会から政治家で、党人派の代表格とも言える河野一郎さんや大野伴睦さんは、戦後になると大きな派閥をつくり、官僚派と対峙しました。派閥をつくるということは、首相を目指しカネを集めて子分を養うことにほかなりません。二人は、執念を燃やして総理総裁の座を狙っていました。当時、国民の人気はエリート集団の官僚派よりも党人派のほうにありました。一九六〇年代まで、両派は総裁選や党内の主導権をめぐり、権謀術数のかぎりを尽くして戦っていました。

岸さんは、石橋さんが病により総理総裁を辞任後に、内閣を組織します。そして、日米安全保障条約の改定の際、副総裁派閥の大野派の協力を求めます。協力の見返りとして、佐藤さん・河野さん・フィクサーとして知られる児玉誉士夫《こだまよしお》らの立ち会いのもと、大野さんへの政権禅譲を約した誓約書を差し出しています。岸政権後は大野・河野・佐藤の順で首相に就くことが確認されたのです。

ところが、岸さんは退陣後、弟の佐藤さんとともに池田さんの支援に回ります。大野さんは騙されたことに怒り、悔《くや》しさのあまり涙を流します。ただ、これには前段があって、念書反故は、岸さんが石橋さんに敗れた総裁選で石橋さんを支持した大野さんへの意趣返しだったとも言われています。

党人派が持っていた暴力装置——佐藤

大野伴睦さんは終生、岸信介・佐藤栄作兄弟を憎んだと言われています。大野さんは戦前、立憲政友会の院外団《いんがいだん》に所属していました。院外団は非議員の党員などで構成され、自党幹部の警護や反対党の演説会荒らしなどを行ない、時には殺人にまでエスカレートすることもありました。岸さんは辞意表明直後、暴漢に刺され重傷を負っていますが、犯人は大野さんを支持する院外団の一員と言われています。

大野さんは明治大学の学生の頃、藩閥元老中心の官僚政治に反対する憲政擁護運動にのめり込み、桂太郎《かつらたろう》内閣打倒の大正政変の暴動（一九一三年）に参加しています。その後、院外団を経て政界入りし、鳩山さんの側近中の側近になります。岸・佐藤に代表される官僚を嫌った古いタイプの党人派政治家です。

大野さんの名言「猿は木から落ちても猿だが、代議士は選挙に落ちればただの人だ」は、日本おける政治家の地位や立場を喝破しています。また、日本プロレスのコミッショナーであり、国民的ヒーローであるプロレスラー力道山《りきどうざん》の後援者だったので、子どもにもよく知られていました。しかし、佐藤政権発足の五カ月前に、七四歳で他界します。その最大の政治業績は、自由党総務会長として、日本民主党の三木武吉《みきぶきち》総務会長とともに保守合同を進めたことです。

官僚派と党人派の違いは、党人派が院外団のような暴力装置ともつきあいを持っていたことです。官僚機構は暴力的体質を嫌います。こういう人は官僚になろうとしませんし、そもそも国家公務員試験に通りません。現在も、自民党には「自由民主党同志会」というかつては院外団だった組織があります。もちろん、現在は暴力装置として機能しているわけではなく、党勢拡大など党支援の活動を行なっています。

一九五〇年代までの日本政治は戦前を引きずっていましたが、一九六〇年代に入ると様相が変化します。それには、一九六三年に議員会館が建てられたことが大きかったと思います。国会議員の常駐する場所ができることで政治が大きく変わることを、私は一九九〇年前後のソ連で目撃しています。

ソ連の最後の最高指導者ミハイル・ゴルバチョフは一九八八年、ソ連最高会議に代わるソ連人民代議員大会を創設します。定数は二二五〇人で、そのなかから五〇〇人超の最高会議員が選出され、最高会議は常設の機関となりました。旧ソ連最高会議は年に一カ月程度開かれるだけで、全国から招集された議員は宿舎としてモスクワの巨大ホテルをあてがわれていました。それでは、最高会議は党の決めたことを追認するだけの機関にしかなりえません。

ところが、ゴルバチョフは議員会館を建設。議員が常駐できるようになると、政治が継続性を持つようになり、議員の質も向上し、社会的地位も高まっていきました。たったひとつの建物で、政治は大きく変わるのです。

嫉妬《しっと》とカネまみれの総裁選――山口

河野一郎さんも、岸信介・佐藤栄作兄弟を憎み続けていました。岸政権下、河野さんが希望した大蔵大臣などの主要閣僚や幹事長への就任を、佐藤さんに妨害されたことが原因です。特に、幹事長は派閥の勢力拡大に有利に働くので、怒りを募らせました。以来、河野さんは佐藤さんをライバル視していきます。結局、岸・佐藤兄弟の策謀の前に大野伴睦さんと河野さんの野望は潰《つい》え、官僚派対党人派の権力闘争は事実上、終焉するのです。

しかし、総裁をめぐる権力闘争は激しさを増していきます。岸さん退陣後、池田勇人さんが総理総裁となりますが、運輸省出身の佐藤さんは、格上の大蔵省出身で吉田さんに重用されていた池田さんに先を譲ったのです。次は自分だと目論んでいたわけです。

ところが、池田首相が河野さんに重きを置いていると見た佐藤さんは反池田に舵を切り、池田三選を阻止するために一九六四年七月、総裁選に出馬します。

この総裁選には、藤山愛一郎《ふじやまあいいちろう》元外務大臣も出馬し、総力戦の様相を呈し、各陣営は中立派や他派からの一本釣りを展開します。「ニッカ」「サントリー」「オールドパー」とウイスキーを捩《もじ》った〝実弾〟が飛び交《か》います。ニッカは二陣営、サントリーは三陣営すべてからカネをもらうこと、誰に投票したのかわからないのがオールドパーです。官僚のトップである次官を務めた、官僚派の双璧とも言える二人が、カネまみれの選挙戦を展開したのですから、まさに日本政治史に残る汚点です。

池田首相は三選を果たしますが、総裁選直後に病に倒れ、四カ月後に佐藤さんが首相に就きます。この時、川島正《かわしましょう》次郎《じろう》副総裁と三木武夫幹事長が、池田首相に後継首相を指名してもらうために病室を訪ねています。池田首相は迷い、河野さんの名も佐藤さんの名も挙げることができませんでした。そこで、川島さんと三木さんは総裁選における二位の実績から佐藤さんを後継首相に裁定します。のちに続く密室談合の始まりと言えなくもありません。

官僚派から族議員へ――山口

佐藤栄作首相は「人事の佐藤」と言われたように、保利茂《ほりしげる》（のちに衆議院議長）・福田赳夫（のちに首相）・田中角栄（のちに首相）などを巧みに配置・動かすことで、長期政権を築きました。一九七二年の沖縄返還など、戦後史に残る政治業績を上げており、優れた政治家です。

佐藤さんが後継と考えていたのは福田さんです。一九七二年六月に来日したアメリカのヘンリー・キッシンジャー大統領補佐官に、次のように述べています。「自民党内では可能性のある候補者は二人しかいない。一人は福田外相、もう一人は田中角栄通産相だ。福田はエスタブリッシュメントで、一高から東大……。私は彼を後継者と考え、次期首相の適切なコースとして外相に任命した。……すべて福田のためだ」（春名幹男著『ロッキード疑獄』ＫＡＤＯＫＡＷＡ）。

一九五七年から一九七二年までの一五年間、岸信介・池田勇人・佐藤栄作のエリート官僚出身の首相が、日本を支配しました。しかし、佐藤長期政権が終わる頃には「三角大福《さんかくだいふく》中《ちゅう》」、すなわち三木武夫・田中角栄・大平正芳・福田赳夫・中曽根康弘の抗争劇が展開されるようになります。このうち、福田（大蔵省主計局長）・大平・中曽根（内務省［現・総務省、警察庁、厚生労働省ほか］官房事務官）は官僚出身です。

佐藤後継を争う総裁選には、三木・田中・大平・福田が立候補します。キャスティングボートを握る中曽根さんが投票日直前に田中支持を表明したこともあり、田中さんは福田さんとの決戦投票に持ち込み、勝利します。田中さんを支えたのは、川島正次郎さんら党人派です。彼らがアンチ官僚派として、福田陣営に対抗して結集したのです。決選投票では、三木さんも田中支持に回っています。

一九七二年七月に首相に就任した田中さんは、官僚の力を利用して政策をつくり、そのことで地盤を広げたり資金を集めたりするシステムをつくりあげました。これは官僚派の政治家はもちろん、他の党人派の政治家にはできなかったことで、傑出した政治家だと思います。

この田中さんの知恵・力により、官僚派に取って代わるようにして「族議員」と呼ばれる一団が、自民党の政務調査会（以下、政調会）の部会で幅を利かせるようになります。彼らは特定分野に精通し、関係省庁の政策立案・実施に大きな影響力を発揮しました。田中さんは自派・木曜クラブの議員をあらゆる分野に配置し、どんな陳情にも応《こた》えられるような体制を築きました。以降、木曜クラブは勢力を拡大、党内最大・最強派閥へと成長していきました。

政調会の部会で政策を事前に議論して審査することは、高度経済成長によって予算が増え、公共投資も増えた一九六〇年代半ばから定着していきました。建設省（現・国土交通省）・農林水産省など、官僚の権限拡大と予算要求をうまく吸収しながら、自民党の政治家の地盤の培養と、それが引き継がれるシステムが整備されたのです。それらは木曜クラブ（田中派）、木曜クラブから派生した経世会（竹下登派）の牙城として、同派所属議員たちがわがものとして運用するようになっていきました。

派閥政治の長所――山口

五五年体制の時代は中選挙区制でしたが、木曜クラブにかぎらず、自民党議員は活動量が多かったと思います。選挙区では同じ自民党議員とも争うため、選挙区の手入れをしなければなりません。自治体の首長や各種団体の陳情を聞くなど、インプットされる情報量は今と比べものになりません。

いっぽう、現在の小選挙区制の場合、そもそも自民党に有利な地域が多く、党公認を得られれば、まめに選挙区を回らなくても有利に戦えます。そのため、選挙区における活動量も情報量も減っているように思います。

さらに、自民党議員の政調会・総務会での活動量も低下していることをメディアが指摘しています。首相官邸や内閣府で方向づけをし、各省庁が法案作成・実施しているため、かつてのように与党との調整で法案を揉《も》むプロセスが減りつつあるのです。族議員には悪い面もありますが、政策や業界などの勉強を積む良い面もありました。これでは、政治家が勉強をしなくなり、地域や庶民の悩み・嘆きに鈍感になるのではないかと危惧します。

五五年体制は派閥全盛時代でもあり、派閥活動は旺盛でした。日々の派閥活動は最終的に、派閥の親分を総理総裁にする総裁選へと収斂《しゅうれん》します。それは、派閥を単位にした権力闘争であり、陣笠議員から徐々に経験を積んでいくことで、政治闘争に強い政治家がつくられていきました。

また国会では、安定した第二党である社会党をはじめ、野党がそれなりの抵抗力を持っていましたから、重要法案を通すために野党を手なずけながら落としどころを探るなど、物事を決着させていく訓練を積むこともできました。

このように、派閥全盛時代の自民党議員にとって、選挙区・党・派閥・国会とトレーニングの場に事欠くことはありませんでした。佐藤さんは議員会館の建設が政治を活性化させたと言われましたが、一九六六年に自民党本部が入る自由民主会館が国会議事堂裏にできたことで自民党政治も活性化しました。霞が関が近くなったことで官僚がさまざま情報を持って説明に来るようになり、また会議室で朝食を摂りながらの勉強会が開かれたりするようになったのです。

結局、小選挙区制と小泉純一郎さん以降のトップダウン型政治は、政治家を鍛える場を奪っていったのです。

二つの灰皿――佐藤

私が外務省で勤務していた頃、官僚がもっともピリピリしたのは、自民党の部会です。政府・与党一体が原則ですから、自民党の部会を通らなければ、国会への法案提出ができません。ですから、国会対策より神経を使いました。

部会を回すのは局長・課長であり、下っ端《したっぱ》の官僚の出る幕はありません。ところが、よく勉強している議員が細かく聞いてくると、局長・課長では太刀打ちできず、担当官でないと答えられないケースが出てきます。外務省なら、各条約やその細かい交渉経緯を知っている担当官です。官僚は上になればなるほど現場から遠ざかり、細かいことを知らなくなる傾向にあります。

いっぽう、そこまで勉強している族議員はとても優秀で、国にとって大事な政治家です。最近は、部会に課長が出向くと軽く見られたと思うのか、「なんで局長が来ないのか」と怒る議員もいるようですが、このような議員は勉強していないことが多く、官僚にすれば、御《ぎょ》しやすいのです。

議員操縦がうまかったのは大蔵省、二〇〇一年の省庁再編前の財務省です。たとえば課長補佐が、国会議員に「社会保障と税を一体化で行ないますと、増税がやりやすくなるのではないでしょうか」などと耳打ちします。議員は「なるほど」とうなずき、しばらくして局長を呼ぶと、「今度の改革は先例はないが、社会保障と税の一体化だ」と命じます。局長は「先生、それは気づきませんでした。すばらしいアイデアですね。持ち帰って早急に検討します」と殊勝な顔をしながら、内心舌を出すわけです。まあ、今は官邸・内閣府から降ってくる案件の処理に追われていて時間もなければ、そんな芸当をやってのける人も少ないようですけど。

かつて自民党本部で部会が開かれる際、部屋には灰皿が二つ用意されていました。重いクリスタル製とペラペラのアルマイト製です。法案に反対する議員は、他人に怪我をさせない前提で椅子を振り回したり、灰皿を投げつけたりします。この時に投げられる灰皿が、アルマイトの灰皿です。これが投げられると散会の合図で、あとはわめき散らして終わり。一種の儀式です。

ハマコー（浜田幸一《はまだこういち》）さんは腕まくりして暴れましたけれど、人的被害はありませんでした。なかには、部会でクリスタル製の灰皿を投げた議員もいましたが、その人は「精神面に変調を来《きた》しているのではないか」と噂されました。部会で決まったことは絶対に覆りません。反対する議員は、最後まで抵抗した証《あかし》を見せるために灰皿を投げたり、怒鳴ったりするわけです。やれるだけのことはやったということで、その後の国会ではおとなしくしています。このような政治文化はなくなりつつあります。

もちろん、現在でも族議員はいますが、昔とはスケールも勉強量も違います。企画・立案能力が落ちており、業界で言われたことをそのまま持ってくるなど、業界とのつなぎ役のイメージです。情報を集約・吟味して、練りに練って持ってくるわけではないので、官僚としてはあしらいやすいのです。

四十日抗争――山口

田中角栄内閣は一九七四年一二月、金脈問題によって総辞職します。総理総裁の椅子に座ったのが、前述の椎名裁定による三木武夫さんです。

三木さんは、保利茂さん（紀尾井会《きおいかい》［福田派］幹部）主導の三木おろしによって、一九七六年一二月の衆院選を分裂状態で戦うことを余儀なくされ、大敗。退陣に追い込まれるのですが、その決め手となったのは、保利・福田赳夫・大平正芳・園田直《そのだすなお》（紀尾井会幹部）・鈴木善幸（宏池会幹部）らの会談ではかられた「大福一本化」です。結局、福田さんが後継首相になることで合意を見ますが、この時、二年後は大平さんと交代することを約した「大福密約」が交《か》わされています。

しかし、かつての岸信介さん・大野伴睦さんの密約反故と同じく、大福密約も守られることはありませんでした。一九七八年、福田さんと大平さんは総裁選を戦いますが（中曽根康弘さん・河本敏夫さんも出馬）、木曜クラブの全面支援を受けた大平さんが勝利します。この総裁選は、木曜クラブおよび田中さんがキングメーカーとして自民党に君臨する始まりでもありました。

一九七九年一〇月七日に行なわれた大平政権下最初の衆院選で、自民党は過半数割れの惨敗を喫します。福田派・中曽根派・三木派ら反主流派は離党・新党結成を画策して、大平首相に辞任を迫ります。党内は修復不能な分裂状態となり、首相候補が一本化できないため、国会を開会することができませんでした。当時、「自民党史上最大の危機」と言われました。

ようやく一カ月後に国会が開かれ、首班指名選挙が行なわれます。自民党から大平・福田の二人が首相候補として立つという異例の事態に、大平さんが一七票という僅差で勝利しました。選挙から内閣発足まで約四〇日間を要したことで、「四十日抗争」と言われています。

主流派と反主流派の対立感情は怨念として残り、翌年にはまたもや前代未聞の事態が起こります。社会党が出した大平内閣不信任決議案に、反主流派は採決を欠席して可決に追い込んだのです。

これを受けて、大平首相は衆議院を解散、憲政史上はじめての衆参同日選挙（ダブル選挙）となります。与野党ともに想定外だったため、「ハプニング解散」と呼ばれました。選挙戦のさなか、大平首相は心筋梗塞により急死してしまいます。四十日抗争にしても、現職首相の死にしても、この頃の自民党の派閥抗争・権力闘争の激しさを物語っています。選挙は、「弔《とむら》い選挙」となったことで自民党の衆参両院での圧勝に終わりました。

その後、鈴木善幸政権・中曽根康弘政権と続きますが、両政権の成立に影響力を発揮したのが、キングメーカーである田中さんです。両政権は「角影内閣」「直角内閣」などと揶揄《やゆ》されました。鈴木政権は、派閥抗争と権力の空白からの緊急避難でした。第一章で述べた、自民党の常套手段です。

中曽根首相は就任当初、木曜クラブと提携したものの、木曜クラブが分裂して経世会が誕生すると、世論を意識しながら、従来の自民党や官僚が設定するアジェンダとは異なる「民営化」「行革《ぎょうかく》（行政改革）」を標榜して、求心力を保ちました。そして、高い支持率を背景に、長期政権を築くのです。

経世会の強さの秘密——佐藤

木曜クラブの勢威は、経世会、平成研究会へと受け継がれ、二〇〇〇年四月に清和会の森喜朗政権が誕生するまで四半世紀にわたり、自民党を支配し続けました。経世会は自民党史上最強の派閥として存在感が強く、名称が平成研究会に変わっても、「経世会支配」と言われるほどでした。

経世会は竹下登さんの政権獲りのために、一九八七年七月につくられた派閥であり、竹下さんはその四カ月後に首相に就任しています。同派からは、橋本龍太郎さん・小渕恵三さんが首相に就任しているほか、自民党を離党して首相になった羽田《はた》孜《つとむ》さんも経世会出身です。

現在の自民党最古参の派閥である宏池会は、池田勇人さんを首相にするために、吉田学校の官僚を中心に一九五七年に結成されました。吉田茂さんが唱えた「軽武装・経済重視・日米安保条約重視」を引き継いで日米関係を重視していますが、ハト派でもあります。権力闘争など政争には弱いため、「お公家《くげ》集団」などと言われますが、それも、現会長の岸田文雄さんを見ているとうなずけます。宏池会からは、池田さん・大平正芳さん・鈴木善幸さん・宮澤喜一さんの四人の首相を輩出しています。

いっぽう、紀尾井会の流れを汲《く》む清和会は派閥の結成経緯が異例で、福田赳夫さんが首相退陣後に結成しています。親米ながら「自主憲法・憲法改正」を唱え、「再軍備」を訴えるなど、タカ派色が強いのが特徴です。同派からは、福田さん・森喜朗さん・小泉純一郎さん・安倍晋三さん・福田康夫《やすお》さん（福田赳夫の長男）が首相に就任していますが、一九七八年の大福の戦い以降、長い冬の時代を迎え、反主流派が指定席でした。

私が所属していた外務省は、東西冷戦構造におけるイデオロギーは避けて通ることができませんでしたから、清和会と親和性が高く、岸信介さん・安倍晋太郎さんに心酔する官僚も少なくありませんでした。

いっぽう経世会は、外務官僚からは「思想のない集団」と映りました。外交では勢力均衡論に立つため、たとえば中国が力をつけてくると関係を正常化しよう、台湾とのつきあいをうしろに下げようとする。身のこなしが軽く、融通無碍なのです。このリアリティは他の派閥にはなく、そこが強みでもあります。

経世会の結束力、それにともなう組織力の強さは際立っています。物事を決めるにあたって会議で議論はしますが、いったん決まり、会長が決めたことは従わなければならない。これは、共産党の組織原理である民主集中制（民主主義的中央集権主義）と同じです。その結束力は、会合で同じ弁当を食べることから、「一致結束、箱弁当」などと言われました。派内外の潤滑油として使われたのが、豊富な政治資金です。

経世会のもうひとつの特徴は、建設業を媒介とした「社会民主主義」です。具体的には、中央政府が国民から広く集めた富《とみ》を、政治家が経済的に弱い地域に建設業を通じて再分配することです。利権がからむため、汚職や腐敗が構造的に起こりやすくなります。

地元選挙区を丹念に回って情報を集め、建設業者と通じるという〝泥臭さ〟は、そのまま経世会の政治文化になっていました。彼らは「自分たちは民衆の近いところ、草の根にいる」感覚を持っていました。「お公家集団」である宏池会とは対極にあります。

経世会の政治家の多くは、意識しているか・していないかは別として、労働を大切とする「労働価値説」に立ちます。彼らは、農業や工業など汗水を流す労働に重要な価値を置き、ネットや金融など、濡《ぬ》れ手で粟《あわ》をつかむような労働を嫌ったように思います。

また、経世会の議員たちは、世間一般の「学歴」よりも「地頭力」を重視していました。高等教育を受けて知的に洗練された議論を展開できる人たちが権力を独占するのではなく、民衆に近く、その思いや願いを汲み取ってアイデアを出し、実行できるわれわれこそ民主政治の担い手であるとの自負があるのです。これは反知性主義に陥る可能性もありますが、人間的魅力に大きく寄与しています。

わかりやすく言えば、農家の堆肥《たいひ》に手を突っ込んで「いい肥《こえ》だね」と言えるのが、経世会の政治家です。彼らは「肥桶《こえおけ》を担《かつ》がせてくれ」と、背広を脱いでシャツ一枚になれる。それが演技ではなく自然にできたのは、農村出身の人が多かったからです。

戦後の農地改革のあと、農協が自民党の牙城となりました。農協は協同組合ですから、本来なら、社会党が取り込んでもおかしくありません。しかし、そうならなかったのは、自民党に農民と同じ目線で語り合える政治家がいたこと、建設業を重視したことが大きいのです。農民は冬に農業ができなくなると建設業に従事します。つまり、建設業と農業は表裏の関係にあり、その両方を自民党、とりわけ経世会の政治家は取り込んだわけです。

五五年体制を終わらせた経世会の分裂——山口

経世会を支えていたのは、戦争経験世代です。梶山静六さん・野中広務さんなどには、庶民としての戦争経験がありました。いっぽう清和会は、その源流である岸信介さんに代表されるように、上から命令する側であり、その目線で国家や戦争を見ています。その感覚が、経世会と清和会では違うように思います。

また、佐藤さんが言われた建設業を媒介とした社会民主主義は、戦後民主主義でもあります。都市部に住んでいると実感しにくいですが、地方では国家主義的イデオロギーは希薄で、自民党の政治家を支えているのは、農地解放で自作農になった人たちであることがよくわかります。彼らは、戦後改革の受益者なのです。

近年の選挙、たとえば参院選の一人区では、東北地方や新潟・長野両県は野党が健闘しています。これは、自民党が第二次安倍晋三政権以降に右傾化していくなか、自民党、それも地元の県連ではなく、中央の自民党と距離を置く人たちが出てきた表れでもあると思います。新潟は特にそうですね。

話を元に戻します。竹下登政権以降、宇野宗佑政権・海部俊樹政権・宮澤喜一政権と続きますが、いずれも経世会の主導により総理総裁が決まっています。宮澤政権誕生の際には、小沢一郎幹事長が自身の個人事務所で、候補である宮澤・渡辺《わたなべ》美智雄《みちお》・三塚《みつづか》博《ひろし》の〝面接〟をしたことで話題になりました。自民党内では、経世会一強だったのです。

この経世会が一九九三年に分裂します。当時、リクルート・佐川急便の疑獄事件、金丸《かねまる》信《しん》自民党副総裁の脱税問題など、政治改革の機運が高まっていました。同年六月、宮澤内閣不信任案が上程されると、羽田孜・小沢一派らの造反により可決、宮澤首相は衆議院を解散します。武村正義《たけむらまさよし》さんらが自民党を離党して、新党さきがけを結成。羽田さん・小沢さんらも離党して新生党を結成します。翌月の衆院選で自民党は過半数を割り、自民党は結党以来はじめて野党となります。五五年体制の終焉です。

五五年体制の終焉の背景には複数の構造的要因がありますが、最大の要因は一九九〇年代に入り、冷戦という外枠がはずれたことです。これにより、保守のなかで多党化してもよい、自民党以外に保守の政権政党があるべきとの考えが経済界だけでなく、アメリカにも生まれます。もちろん、国民のなかにも、不祥事続きの自民党への〝飽《あ》き〟も含め、他の保守政党を求める人たちが出てきました。

また、バブル経済も終わり、経済停滞に陥るなか、経世会が追求してきた開発主義的な政策は限界を迎えていました。すぐに公共事業が少なくなったわけではありませんが、地域や業界に対して、何をどのようにサービスしていくかモデルチェンジを模索しなければならない時代になったのです。

結果として、小沢さんのうまい戦術で非自民勢力が結集し、政権交代が起きたわけです。一九九三年八月、細川護熙政権が誕生しました。

予測できなかった小選挙区制の効果――山口

細川護熙政権下の一九九四年一月、政治改革四法が成立します。四法とは公職選挙法一部改正法、政治資金規正法一部改正法、政党助成法、衆議院議員選挙区画定審議会設置法です。このなかで、その後の政治のあり方に不可逆的な変化をもたらしたのが、公職選挙法一部改正法のなかの小選挙区制度の導入です。

当時、選挙制度を変えることが、政治における最大のテーマでした。一九八八年のリクルート事件後、海部俊樹政権では政治改革および選挙制度改革が優先課題に挙げられ、その後も東京大学教授（のち同大学総長）の佐々木《ささき》毅《たけし》さんや政治評論家の内田《うちだ》健三《けんぞう》さんらをはじめとした学者やジャーナリストだけでなく、メディアや経済界も選挙制度改革の世論づくりに加わりました。

しかし、一種の熱狂のなか、「変える」ことに重きが置かれ、どのような効果をもたらすかについては議論が不足していたと思います。

実際、当時官房長官だった武村正義さんに話を聞いたことがあるのですが、武村さんは

「小選挙区だけだと野党が嫌だと言うし、比例代表だけだと自民党が嫌だと言う。選挙制度を変えるなら、足して二で割るしかなかった」と話していました。つまり、選挙制度を変えるという結論ありきで、なぜ選挙制度を変えなければならないのか、変えてどのような政治を目指すのかという議論が、政府連立与党内でも十分なされていなかったのです。

小選挙区制度では、大政党に有利で小政党には不利となります。それは行き過ぎであるとして、衆議院にも選挙区と比例代表制を並立させました。そうなると、公明党と共産党は選挙区から事実上撤退せざるをえなくなります。ただ、組織があって、ある程度の票を動かすことができますから、それを最大限活用することにまず公明党が目覚めます。

非自民政権である細川政権が倒れたあとの一九九四年一二月、小選挙区で自民党に対抗するために、新生党・日本新党・公明党などが合流して新進党を結成します。しかし、新進党も一九九七年一二月に解党することになり、公明党は持っている票を活用するには自公連立が効果的であることに気づくのです。今日《こんにち》の自民党一強をつくったのは、新進党の崩壊が最大の原因と言っても過言ではないでしょう。

一九九〇年代前半の政党再編論議を振り返ると、自民党を含めた政党再編は「ガラガラポン」という言葉がよく使われていました。「リセット」というわけです。小選挙区を実施すれば、自民党も内紛から分裂するという予想がありました。しかし、自民党が踏みとどまったことで、その後の政党再編はもっぱら野党の側だけで行なわれることになりました。

分裂したとはいえ、経世会は自民党内で最大・最強の勢力でした。その力をまざまざと見せつけたのが、村山富市《むらやまとみいち》社会党委員長を首相に戴く自社さ連立政権の誕生です。自民党は、細川政権のあとを継いだ羽田孜政権に内閣不信任案を突きつけ、戦後最短の六四日で総辞職に追い込みます。そして目をつけたのが、社会党の村山さんでした。

村山さんと経世会幹部で自民党幹事長だった梶山静六さんは、同時期に国会対策委員長を経験しており、その後も良好な関係を保っていました。中選挙区制下における政治家同士の個人的信頼関係を元に、保守と革新が組むという曲芸が成立した。五五年体制下ではありえないことです。

村山政権は、三木武夫政権に似ています。自民党得意の緊急避難ですが、党内に使える「党内野党」がなかったため、外にパートナーを求めたわけです。

冷戦終結後、イデオロギー的な軸がなくなり、また自民党以外の保守政党が誕生すると、有権者は、自民党に代わる政党は社会党でなくてもかまわない、保守の新興勢力のほうが新鮮と感じるようになり、選挙における投票にも如実に表れるようになっていきます。実際、社会党はこの時に政権を組織しましたが、以降は政党としての活力も生命力も衰弱していきました。

そして、日本政治において「革新」という言葉が一九九〇年代で姿を消し、「改革」という言葉がもてはやされるようになりました。

官僚出身の政治家が減った理由──佐藤

五五年体制の最後の首相である宮澤喜一さん以降、官僚出身の総理総裁は出ていません。今後も、よほどのことがないと難しいでしょう。そもそも、官僚出身の政治家が激減しました。

戦後の混乱期が終わり、一九六〇年代に入ると、官僚出身者の出世が遅くなりました。かつては池田勇人さんにしても佐藤栄作さんにしても、四十代後半で事務次官になっています。池田さんは退官後、一九四九年の衆院選を経て議員一年生で大蔵大臣に就任しています。佐藤さんに至っては、議席を持たない時点で吉田茂内閣の官房長官に就任しています。当時は官僚の人数が少なかったために昇進が早く、次官を経験して政界に転身してもキャリアは十分に積めたのです。

その後、次官就任は五十代前半となり、今は五十代後半から六十代です。その後に政界に転身しても、政界、特に自民党は当選回数主義ですから、閣僚にすらなれません。下手をすると、副大臣はおろか、政務官にすらなれずに終わり、ということになりかねません。キャリア官僚にすれば、馬鹿らしくてやってられないのです。

若手のキャリア官僚のなかには、局長が質の良くない政治家にまでペコペコしているのを見て、課長補佐になる三十代に政界転身を考える者が少なくありません。しかし、霞が関では、課長までは全体情報が入ってきません。たとえば、外相会議で何が話し合われているかを新聞ではじめて知る、次官・局長の動きをメディアを通して知るのが普通です。ましてや、他省庁の文化や情報などは課長になってはじめてわかることです。つまり、課長補佐では、組織の仕組みはわからない。仕組みがわからなければ、政治家になっても経歴は生かされずに、ただの官僚出身者にすぎません。

私のように、ノンキャリアでも特殊な位置にいて政治的なことを見渡せることができた人間は例外なのです。霞が関の課長補佐よりも地方議員出身者のほうが、政官界の仕組みをよほど知っています。

自民党の参議院議員には独自のキャリアパスがあり、優秀な次官経験者がすぐに副大臣・閣僚になるケースがあります。ただ、次官経験者が何人も出てくると、そこに新たな権力が生まれますから、自民党も霞が関も嫌がるでしょう。

衆議院の場合、自民党では、いくつかの〝通過儀礼〟をこなさなければなりません。地元の県会議員・市会議員の支持を得るために「俺の酒は飲めないのか」といったつきあいをしたり、創価学会に嫌われたら当選できませんから聖教新聞を購読して学会行事に祝電を打ったりしなければなりません。

戦後の吉田学校は、過去のものでしかないのです。吉田学校にも問題はあります。政界に官僚出身者を主体とした派閥ができると、そこに霞が関からの情報が偏在し、予算をつけるのに大きな力を持つことになります。そうなると、どの役所も有能な人材を政治家として送り出しますから、行政が政治化することになりかねません。キャリア官僚出身者の政界進出には、このような弊害もあるのです。

　選挙制度に関しては、山口さんが言われたように、比例代表制を取り入れたことで、公明党と共産党が生き残りました。両党に共通しているのは、票を組織的に動かせることです。つまり、持っている議席数以上の影響力を行使できるわけです。小政党の救済措置でつくったものが、大政党の命運を握ることになった。大が小に振り回される構図になったのです。

　細川護熙政権の誕生に、外務官僚は大喜びでした。特に、小沢一郎さんへの期待が大きかった。小沢さんの著書『日本改造計画』（講談社）は、外務官僚が望む方向で書かれていましたから。具体的には、小沢さんの言う「普通の国」路線によって、憲法改正に向かい、集団的自衛権に踏み込めるだろうと思ったのです。

　いっぽう、村山富市政権ができた時は驚きでした。自民党が権力を奪取するという一点のために、社会党・新党さきがけを取り込んだことにとまどいました。ある先輩が述べた次の一言が、記憶に残っています。「小は大を飲み込めない。社会党はいずれ自民党化してしまうから心配はない」。そのとおりになりました。

民意が首相を引きずりおろす時代――山口

村山富市政権で権力を奪取した自民党は、橋本龍太郎政権・小渕恵三政権・森喜朗政権・小泉純一郎政権と、みずからの総裁を戴く政権を続けていきます。この間の変化として特筆されるのは、民意で政権が倒れることが起こるようになったことです。

森さんは二〇〇一年四月、低支持率などを理由に総辞職しました。竹下登さんも支持率低下で辞任していますが、リクルート事件という明らかな疑獄事件がありました。森さんはさまざまな失言がありましたが、失政や汚職はありません。つまり、イメージだけで支持率が大きく下がり、首相が代わったのです。

これは新しい現象であり、小選挙区制ゆえに起きた現象です。つまり、選挙の顔である総裁が不人気だと選挙に勝てないため、周囲が引きずりおろしてしまうのです。「支持率」という名の民意が力を持つようになったわけです。

もうひとつ、一九九八年に生まれた最大野党の民主党が、その実態がわからなかったがゆえにある程度の期待を集め、また自民党もあまりに不人気な首相を担いでいると選挙で大敗するという恐怖を、自民党の政治家が持つようになりました。この緊張感が、現在との大きな違いです。

もちろん、民意にもとづく政治が民主主義であり、それこそ正しいという評価はあります。しかし、小泉純一郎さん以降の政治動向を見ていると、ストレートな民意をそのまま政治に反映させることが、はたして十全なデモクラシーなのか疑問に思ってしまいます。

これは古典的な問題でもあります。代表制民主主義は、議員というアブソーバー（衝撃を緩和する装置）を置くことで、民意がそのまま政治を動かすことがないようにしています。このアブソーバーが外れると、プラス面だけでなく、危うさも生まれてきたように思います。たとえば二〇〇五年八月、「小泉劇場」という熱狂のなかで行なわれた選挙では小泉・自民党が圧勝、郵政民営化がなされましたが、はたして郵政民営化が本当に正しかったかは今も議論されています。

いっぽう、中選挙区制では、派閥の領袖による援助も必要ですが、そもそもが各議員の自助努力です。みずから後援会をつくって人やカネを集め、勝ち上がらねばならない。だからこそ、各議員に自由度があったのです。

　これが小選挙区になると、前述のように党の公認が重要となり、選挙に勝つためには、「顔」と「風」が必要になりました。党への依存が強くなったのです。一九九〇年代に政党再編で新党ブームが起きたのは、中選挙区である程度、自分で選挙ができたから可能だったのです。小選挙区制のもとでは、難しいでしょう。

　森政権から小泉政権に移行するなかで大きく変わったものに、政治による利益配分があります。二一世紀になると、国民受け・世論受け・テレビ受けするリーダーがスマートな政策を展開していくことが求められるようになりました。政策の中身も、公共事業を引っ張ってきて中抜きしたり政治献金をもらったりするモデルから、人材派遣業の規制緩和に代表されるように、プラットフォームを変えることでビジネスチャンスを広げる形式に転換しました。

　霞が関は縦割りで各省庁は特定の分野・業界の利益を体現しています。それは、自民党の族議員とパラレルな関係にありました。これに対して、小泉さんは「構造改革」というわけのわからない言葉を振りかざして、それらを壊すことにかなり成功しています。その筆頭が郵政民営化ですが、公共事業もかなり減らしています。その延長上に、公立病院の病床削減もあり、そのことがコロナ禍を大きくさせたことは否《いな》めません。

カネの配り方がわからない政治家──佐藤

民意という点では、小泉純一郎さんと橋本龍太郎さんが争った二〇〇一年の総裁選が象徴的です。テレビでは政治番組だけでなくワイドショーまで、新聞・雑誌では一般紙の政治面だけでなくスポーツ新聞や芸能週刊誌でも扱われました。まるで、国民的イベントであるかのように。

小泉さんの首相秘書官だった飯島勲《いいじまいさお》さんは議員秘書時代から、他の議員秘書が見向きもしないスポーツ紙や週刊誌の記者とつきあってきたそうです。そんな地道な努力が実《み》を結んだわけです。もっとも当時、清和会は反主流派であり、小泉さんもまだ表舞台に出てくる政治家ではありませんでしたから、大手紙やオピニオン誌が相手にしてくれなかったという事情もあるでしょうが。

ワイドショーが政治をよく扱うようになったのは小泉政権、特に田中眞紀子《まきこ》（田中角栄の長女）外相が登場してからです。良くも悪くも、政治がお茶の間に近くなったのです。小泉さんの総裁選勝利以降、ワイドショーやスポーツ紙は政治家にとって重要な宣伝ツールになっていきました。現在は、これにツイッターなどＳＮＳ（ソーシャル・ネットワーキング・サービス）も加わります。

小泉さんが橋本さんに勝ったことには、もうひとつ大きな意味があります。経世会の源流である木曜クラブ以来、自民党を支配し続けた常勝軍団が、総裁選ではじめて敗北したことです。それも大敗という、屈辱的な敗北です。経世会に怨念を持つ小泉さんは、経世会から名称を変えた平成研究会（以下、平成研）に党執行部のポストを与えず、干し上げました。みるみるうちに平成研は凋落《ちょうらく》していき、現在に至るも総理総裁を出していません。

平成研が凋落したことで、再分配機能において果たす派閥の役割が弱くなりました。経世会（平成研）＝自民党でしたから、権力をカネで買う仕組み、建設業を通じて再分配を行なう仕組み、談合の中核としての存在、これらが解体されていきました。

清和会は強くなりましたが、談合のやり方もカネの配り方もわかっていません。平成研のようなノウハウを持っていないからです。それでもなんとかなっているのは、選挙にかかるカネが三分の一から五分の一に減っているからです。中選挙区制では選挙区に事務所を何カ所も持ち、後援者との飲み食いも馬鹿になりませんでした。飲み食いが重視されたのは、選挙が非日常のお祭りだったからとも言えます。

それが、小選挙区制になると、一気に減りました。さらに、前述のように、選挙区をそれほど回らなくても、公認をもらい、選挙の顔である総裁の支持率が高ければ当選できるようになったからです。

短期政権が続いた理由——山口

小泉純一郎さんは異端児でした。他派閥の山崎拓《やまさきたく》さん（中曽根派から分離独立した近未来《きんみらい》政治研究会《せいじけんきゅうかい》）・加藤紘一《かとうこういち》さん（宏池会）とＹＫＫをつくって、経世会と喧嘩していました。戦いの本能を持っている政治家だったと思います。

いっぽう、小泉さん以降の自民党の総理総裁で安倍晋三さんを除けば、福田康夫さん・麻生太郎さんには、それが感じられません。権力闘争の勝者のイメージがないのです。菅義偉さんにしても、持っている権力を使って党内外をコントロールすることは得意でも、権力闘争を戦うイメージはありません。

小泉政権以降、第一次安倍政権・福田政権・麻生政権と短期政権が続いた理由は、小泉政権下の構造改革、もっと言えば、公共事業を減らしたことや民営化して規制緩和を進めたこと、地方交付税交付金を大幅に削って市町村合併で自治体の数を約三二〇〇から約一八〇〇まで減らしたことなどにあります。その結果、地方の自民党の支持基盤が「もう勘弁してくれ」と、反逆とまではいかないけれど、サボタージュしたのです。

二〇〇九年八月に行なわれた衆院選において、麻生政権下の自民党は民主党に敗北、下野します。総裁は谷垣禎一さんを経て、安倍さんに代わりました。

野党としての総裁選だったことは、安倍さんにとって幸運でした。与党として国民全体の支持や好感度よりも、野党としてコアな支持者にアピールすることが求められたからです。そうなると、伝統主義的で保守的政党として、イデオロギー色を前面に出しやすくなり、安倍さんにとって有利になります。

その結果、安倍さんが返り咲いたわけです。安倍さんは総裁選の勝利によって、第一次政権時代の健康問題なども禊《みそぎ》をしたことになりました。そうして、政権奪取に意欲を燃やすのです。

自民党は下野すると、なりふりかまわず政権を獲りにいきます。一九九三年に下野した際にも、社会党と組む曲芸によって村山富市政権をつくり、権力を取り戻しました。さらに、与党に返り咲く際には、パワーアップして戻ってきます。そして、「二度と権力を失わないぞ」とばかりに、突き進みます。第二次安倍政権でも株価を上げ、失業率を下げるために、異次元の金融緩和を行なったり、働き方改革を進めたりしています。

自民党政権が終わる時——佐藤

総裁選における安倍晋三さんは幸運だけでなく、なりふりかまわず戦っていたように思います。何しろ、同じ派閥の町村信孝《まちむらのぶたか》会長とガチンコで戦ったわけですから。この戦う姿に、自民党議員や党員は、政権奪取を託したのです。

復活した安倍政権を、霞が関は歓迎しました。官僚たちは民主党政権下、政治家に怒鳴られてばかりいました。伝統的な自民党政治に戻れば、そのようなことはなくなるだろうと考えたのです。残念ながら、怒鳴る人が政治家から官邸官僚に代わっただけでしたが。安倍政権は長期化することによって首相機関が確立し、突出してきました。ステークホルダー（利害関係者）にとって、安倍さんが独裁者的な首相でいることは都合が良かったのです。安倍さん自身は積極的に政治課題に取り組むことを、ある時点からあきらめたように思います。私の見るところでは、二〇一五年くらいでしょうか。その後は、徹底して機関としてふるまっていました。これが長期政権になった理由です。

首相機関が確立するにつれ、官邸官僚以外の官僚たちは「やらされ感」が強くなっていきました。それが、現在にも続く弛《たる》み・緩みを生む素地となりました。二〇二一年六月、経済産業省のキャリア官僚二人が、「家賃支援給付金」を騙し取ったとして逮捕されましたが、私の常識ではとうてい考えられない。「はじめに」でも述べたとおり、犯罪性向の高い若者が私的利益を追求するために経産官僚になったとしか思えません。このような性向を見抜けずに役所に入れてしまうほど、組織が緩んでいるのです。

なお、第一次安倍政権後の福田康夫さん・麻生太郎さんは消去法で選ばれたと思います。菅さんの次も消去法になるでしょう。そうなると権力は弱くなり、自民党政治は終わりを告げるかもしれません。

活力を失った自民党――山口

中選挙区制はカネがかかり、同じ自民党議員同士で戦うなど欠点もありましたが、利点もありました。そのひとつは参入障壁が低いことです。地方議員出身の新人が、支持者を集めて衆院選にチャレンジすることができました。たとえ自民党に公認をもらえなくても、鈴木宗男さんのようにまず無所属で出て、当選したら追加公認のかたちで自民党に入ることができました。新人がチャレンジでき、当選することで、新陳代謝《しんちんたいしゃ》が行なわれたのです。

しかし、小選挙区では公認を得た現職が圧倒的に有利です。たとえば、ポスターや政見放送についても、公認と無所属では大きな差があります。

また中選挙区制度では、「風」に左右されずに必ず当選するベテランかつ良識派の政治家が存在しました。たとえば、福島の伊東正義《いとうまさよし》元首相臨時代理、二木武夫政権を支えた長野の井出一太郎《いでいちたろう》元官房長官、引退するまで無派閥を貫いた熊本の坂田道太《さかたみちた》元衆議院議長などです。彼らは時に何十年も熱心に支えてくれる支持者と地盤を持っていたため、選挙のことはまったく心配せずに政治活動をすることができました。

このように、かつての自民党では〝暴れん坊〟の政治と〝旦那《だんな》〟の政治が併存し、地方議員から這《は》い上がってくるアニマルスピリッツを持った政治家が活力を提供すると同時に、選挙や派閥を気にしない良識派が党の危機においては軌道修正をはかりました。これこそ自民党の強さであり、前述の奥行きの深さだったのです。

しかし今、自民党の政治家の顔ぶれを見て、両者が少なくなりつつあることを感じます。現在の小選挙区制下、選挙の心配をしなくていい、党執行部の顔色をうかがわなくてもいいという政治家は、皮肉にも中選挙区制時代から選挙戦を戦ってきた派閥の領袖クラスか、親が中選挙区制を戦い、その地盤を継承した世襲政治家ばかりです。

自民党の総理総裁の政治家像はかなり変わりましたが、そもそも自民党の政治家自体が大きく変容しているのです。権力のリレーはできるけれども、何もないところから権力をつくりだす力量はない。これでは、もし自民党が下野するようなことがあれば、これまでのような復活を遂げることは難しいかもしれません。

第四章

短期政権になる宰相、ならない宰相

政権の寿命を決めるもの——山口

本章では、菅政権が短期政権となるか、長期政権となるか、今後の政局を含め展望していきたいと思います。

アメリカでは「ハネムーン期間」と言って、新政権発足から一〇〇日間、野党もメディアも国民も新政権への過度な批判を避けて様子見をする、言わば紳士協定があります。日本でも二〇〇九年、自民党から民主党への政権交代の際、これにならって、自民党は批判を控えたことがあります。

いっぽう、菅政権は内閣支持率七〇%前後と高水準でスタートしたものの、ハネムーン期間が終わらないうちに四〇%前後に落ち込み、しかも不支持率が上回る時もあったため、党内でも「菅おろし」の声が上がりました。このまま、短期政権で終わるとの見方を示す評論家もいます。

現行憲法下、一年前後で終わった短期政権は羽田孜政権（六四日）、石橋湛山政権（六五日）、宇野宗佑政権（六九日）、麻生太郎政権（三五八日）、福田康夫政権（三六五日）、第一次安倍晋三政権（三六六日）、森喜朗政権（三八七日）があります。このうち、森さんが小泉純一郎長期政権の前、安倍さん・福田さん・麻生さんは小泉政権後の首相です。小泉さんの権力がいかに突出していたかがわかります。

石橋さんは病気（次項で詳述）、宇野さんは女性スキャンダル、羽田さんは少数与党ゆえに内閣不信任案による退陣、森さんは失言などによる低支持率、安倍さんは病気と参院選の敗北で辞任しています。福田さんは民主党が参議院の第一党だったために「ねじれ国会」に苦しみ、また連立のパートナーである公明党と政権運営をめぐって齟齬《そご》を来《きた》したこともあって嫌気が差したのか、突然辞めてしまいました。麻生さんは、リーマン・ショック後に経済が厳しさを増すなか、内閣支持率が低迷し、政権交代を争点とする総選挙で民主党に政権を奪われました。

第一章でも述べましたが、政権の求心力が高まる条件に、明瞭で具体的なミッションの提示があります。到達困難と思われるミッションを掲げ、その到達努力を誇示できれば政権は長期化します。ただ、これまでの長期政権が示すように、ミッションが実現してしまえば、首相の権力は急速にしぼんでいきます。

では、ミッションを持たなければ短期政権になるかと言うと、そうではありません。短期政権になる理由は、前述の七人を見てもわかるように、「首相のパーソナリティ」によるものが大きいのです。首相のパーソナリティとは、「スキャンダル」「失言」「健康」「権力への粘着性」といった個人の資質・人間性にかかわるもので、しかも偶発性をともないます。

では、菅さんはどうか。菅さんには「コロナ禍の克服」という大きなミッションがあるのですが、その打ち出し方に具体性を欠くだけでなく、有効性においても失態を重ねています。

また、自身にスキャンダルはなくても、吉川貴盛元農林水産大臣や菅原一秀前経済産業大臣などの側近や息子の総務省接待問題があります。菅さんには、森さんのような失言はありませんが、逆に語らないこと、語っても誠実性が感じられないことがボディブローとなって、支持率が下がっていくのではないか。

第二章で指摘したように、菅さんが国会答弁や記者会見で発するのは「必要最小限の言葉」であり、「心に届かない言葉」であり、「対話なき言葉」です。これでは、国民の心をつかむことはできません。コロナ禍という危機にあっては、ドイツのメルケル首相のように、国民に真摯《しんし》に向き合い、語りかけなければならないのです。

菅さんは記者会見の対応に悩んだ官房長官時代、コリン・パウエル元国務長官の著書に勇気づけられたと述べています（「産経ニュース」二〇一七年九月一三日）。

これは、『リーダーを目指す人の心得』（コリン・パウエル／トニー・コルツ著、井口耕二訳、飛鳥新社[文庫版]）に出てくる、記者対応に失敗した将軍へのアドバイスを指しているようです。「1. 彼らは質問を選べる。君は答えを選べる。2. 答えたくない質問には答えなくていい。（中略）11. 賛成できない前提を含む質問には答えないこと」。この理屈はメディアの取材ならともかく、国会答弁や国民に向けての記者会見には通用しません。もし、菅さんが語らないことで失脚・退陣となれば、前代未聞のケースになります。

このように、菅政権はいつ国民から見放されてもおかしくないのですが、その兆《きざ》しは見えません。それは、コロナ禍における「戦時内閣」であり、この難局では誰が政権を担当しても同じという国民のあきらめの反映なのでしょう。つまり、菅政権に代わる政権の選択肢が見えないことが、「相対的安定」をもたらしているのです。

歴史を変えた石橋湛山元首相の辞任――山口

私は、権力への粘着性は良くも悪くも政治家の重要な資質と考えています。それを説明する事例として挙げたいのが、短期政権二位である石橋湛山首相（在任・一九五六年一二月～一九五七年二月）の辞任です。

石橋さんは首相に就任早々、予算審議の前に脳梗塞で倒れ、医師から二週間の休養を求められます。症状はさほど重くなく、国会出席は可能だったのですが、政府の最高責任者が重大案件の審議で十分な答弁をできない状況に、「私の政治的良心に従う」と述べて退陣しました。石橋さんは戦前、東洋経済新報社の主筆を務めていましたが、暴漢に襲われて帝国議会を長期欠席していた浜口雄幸《はまぐちおさち》首相に対して、「職を去るべし」と退陣勧告をしたことがあります。このことと重ね、言行一致を実践したわけです。

石橋首相の辞任表明に対して、野党からは審議日程を延《の》ばしたらどうかとの好意的な発言すら出ました。社会党の浅沼稲次郎《あさぬまいねじろう》書記長などは、「政治家はかくありたい」とまで述べています。

しかし私は、石橋さんはすぐに首相を辞めなくてもよかったし、そのまま続けていれば、その後の日本政治は大きく変わったと考えています。石橋さんは、鳩山一郎さんの後継をめぐって岸信介さんと総裁選を争い、勝利しました。戦後一〇年が経過し、日本の国内政治の民主化と自主外交をミッションとした石橋首相への期待は、大きいものがありました。それがしぼんでしまったのです。結局、石橋さんの辞任後、岸さんが首相となり、政治は一気に右旋回しました。なお石橋さんはその後、八八歳で天寿を全《まっと》うしています。

石橋さんには、権力への粘着がなかった、あるいはそれを「悪」と考えたのでしょう。同様に、突然政権を放り出した福田康夫さんも、権力への粘着が薄かったように思います。政治家は、権力に粘着するからこそ政治家であるのです。たとえば、「クリーン」と言われた三木武夫さんは小派閥のリーダーでありながらも、権力に粘着しました。

三木さんは前首相である田中角栄さんへの金権批判が渦巻くなか、一九七四年に政権の座に就きます。反主流派であり、党内基盤が弱かった三木さんは、ロッキード事件（アメリカの航空機製造会社ロッキード社が各国の政治家に賄賂《わいろ》を渡していた事件。田中角栄前首相などが逮捕された）が起こると、世論を味方につけて徹底究明を表明します。

しかし、国民受けを狙うような手法に、党内は反発。「三木おろし」の倒閣運動が起こります。その反発が激しさを増すなか、三木さんは衆議院の任期満了まで、首相の座に居座り続けました。その後、任期満了の総選挙で敗北してようやく退陣しますが、同選挙は現行憲法下で唯一の任期満了の総選挙です。

首相の権力への粘着性、つまり権力欲というファクターは、政権が続く大きな条件だと思います。

ニセ電話事件——佐藤

「権力欲がある政治家＝良い政治家」と言えるかは別として、「権力欲がない政治家＝やりたいことがない政治家」とは言えるかもしれません。やりたい政策があれば、権力に固執するはずですから。わかりやすい例が、日米安全保障条約の改定に意欲を燃やした岸信介さん、郵政民営化にこだわり続けた小泉純一郎さんです。三木武夫さんもやりたいことがあったから、総理総裁の椅子にこだわったのだと思います。三木さんが標榜した政界の浄化、自民党の近代化は単なるスローガンではなく、本気だったのでしょう。

三木さんは「バルカン政治家」とも言われました。バルカン政治家とは、「昨日の友は今日の敵」とばかりに、状況に応じて権謀術数を用い、敵味方を目まぐるしく変える政治家のことです。その名はヨーロッパ列強の圧力のなか、自国の立場を切り開いたバルカン諸国（アルバニア・ギリシャ・ブルガリア・旧ユーゴスラビアなど）に由来します。

三木さんは一九七四年の田中角栄首相退陣後、自派の離党をちらつかせます。そうすれば、党の分裂を危惧する椎名悦三郎副総裁が自分を指名するだろうと読んだのです。結局、そのとおりになりますが、椎名裁定後、三木さんは白々《しらじら》しくも「青天《せいてん》の霹靂《へきれき》」と言い、驚いたふりをしてみせました。なかなかの〝役者〟です。

三木さんと言えば、「ニセ電話事件」があります。これは、京都地裁の鬼頭史郎《きとうしろう》判事補が布施健《ふせたけし》検事総長を詐称して、三木邸に電話した奇妙な事件です。彼は三木さんに、ロッキード事件で中曽根康弘さんに収賄の容疑がかかっているとして指揮権発動の発言を引き出そうとしたり、田中角栄さんの起訴の許諾を求めたりしました。これに対し、三木さんは言質《げんち》を与えませんでしたが、約一時間にわたって会話を続けています。鬼頭判事補の狙いは、「違法な田中訴追の阻止」にあったと言われていますが、彼は最終的に法曹資格を失っています。

この事件から推察できることは、政権と検察の距離です。少なくとも、三木政権において、首相と検事総長は電話で直接話せるほど、あるいは話してもおかしくないほど、きわめて近い関係にあったことが想像できるわけです。

短期政権にさせない武器① パフォーマンス――山口

三木武夫さんは、党内の弱小派閥の領袖から総理総裁に上り詰めましたが、その点で共通するのが中曽根康弘さんです。三木さんの「バルカン政治家」に対して、中曽根さんは「風見鶏《かざみどり》」と言われました。その時々の情勢によって、方向性や立場をくるくる変えるというわけです。

中曽根さんは一九八二年、田中角栄さん率いる木曜クラブの力を借りて、首相の座に就きました。就任当初は、長期政権を予想する人はほとんどいませんでした。

しかし、ロッキード事件で田中さんの再登板の芽が摘まれると、中曽根さんは徐々に木曜クラブと距離を取り、求心力を高めていきます。そして、みずからアジェンダを設定して、政治の流れをつくっていきました。「中曽根行革」は、その極みです。当時、日本経済は高度経済成長が終わり、二度の石油ショックを経て、安定成長時代に移っていましたが、時代の変化にうまく対応したアジェンダ設定を行ない、経済界の支持も得ています。

中曽根さんは、国民へのメッセージ発信にも優れていました。特筆されるのは、テレビを活用して支持率を上げていく手法です。たとえば、アメリカとの貿易摩擦への対策として、フリップを用いてわかりやすく説明してみせ、支持を求めました。

また、ロナルド・レーガン大統領を東京・奥多摩《おくたま》の山荘に招き、炉端《ろばた》で歓談する光景やみずから法螺貝《ほらがい》を吹くシーンをテレビ公開しています。「パフォーマンス政治」の草分けと言えるでしょう。党内基盤が弱い彼はテレビを最大限に活用し、パフォーマンスをもって自己アピールしたのです。

一九七〇年代には政治が混乱して保革伯仲の時期もありましたが、一九八〇年代に入ると保守回帰が顕著になります。この転換に大きく寄与したのが、中曽根政権です。党内基盤が弱いなかで長期政権を築き、政治のパラダイムシフトを起こしたという意味で、中曽根さんは、政治家として大きな力量を持っていたことがわかります。

短期政権にさせない武器② 学知――山口

短期政権に終わらせない重要なファクターとして、知的資源を自在に使うことも挙げられます。

時代の転換期や危機的状況のなかで政権を持続させるには、まず今はどのような時代であるかをつかみ、問題点を明確にして、どのような政策を行なうか、方向づけをしなければなりません。その際に、学者などの知的資源、すなわち「学知《がくち》」「専門知《せんもんち》」を吸い上げて使うのです。長期政権はもちろん、安定政権ではそれができています。

たとえば、池田勇人政権では、経済学者の下村治《しもむらおさむ》さんを高度経済成長のプランナーとして、積極的な経済政策を打ち出しました。佐藤栄作政権では、国際政治学者の若泉敬《わかいずみけい》さんがアメリカとの沖縄返還交渉で重要な役割を担っています。田中角栄政権では、経済企画庁・国土庁の官僚で学者肌の下河辺淳《しもこうべあつし》さんが、ブレーンとして重用されました。

中曽根康弘政権下では政治学者の佐藤誠三郎《さとうせいざぶろう》さん、社会学者の公文俊平《くもんしゅんぺい》さんらが、行革や規制改革などの時代を先取りしたビジョンを示しました。この頃、アメリカのレーガン大統領、イギリスのマーガレット・サッチャー首相など、西側の国々で安定政権ができて、自由競争により経済を活性化するという新自由主義路線が取られるようになっていました。

二〇〇〇年代になると、小泉純一郎政権は経済学者の竹中平蔵さんを閣僚に抜擢して、新自由主義にもとづく政策を打ち出していきます。具体的には、「官から民へ」をスローガンにした、道路公団や郵政事業の民営化や金融における規制改革などです。

菅政権を見ると、新型コロナウイルス・ワクチンをめぐる問題が典型的ですが、学知の使い方が下手なように感じます。

鈴木宗男さんがいれば……——佐藤

学知を必要としたのは、自民党政権だけではありません。民主党政権も同様です。特に、政権交代を可能にした民主党のマニフェストは、政治学者の山口二郎さんがいなければできなかったでしょう。戦略絵図を描ける学者は、政権にとってキーマンとなりますし、そのような学者を抱える政権は強いのです。

菅さんが学知を重視しないのは、学知から裨益《ひえき》された経験が少ないからでしょう。叩き上げの実務派として、学者を軽視しているのかもしれません。「ブレーン」と呼べる人がいたとしても、その意見はあくまでも意見として聞くことにとどめ、自分独りで考えて、自分で決める。たとえ、それがまちがいでもけっして変えない。マキアヴェッリを信奉する彼はこのスタイルで上り詰めたのですから、なかなか変わらないでしょう。

私の知る政治家で、学知を重視していたのが、鈴木宗男さんです。鈴木さんは、北方領土問題に取り組む過程で、歴史や条約に関して相当勉強していました。外務省から情報・知見を得るだけではなく、外務省とは考え方を異《こと》にする歴史学者の和田春樹《わだはるき》さんなどにも教えを乞《こ》うていました。いっぽう、政府寄りの見解を示す学者の意見には、あまり耳を傾けませんでした。政府見解のあとづけ・権威づけにすぎないと考えていたのでしょう。

学者を「現実離れしている」などと馬鹿にしたり、忌避《きひ》したりする政治家もいますが、鈴木さんは「学者は物事を高度に抽象化することで、われわれが意識していないことを意識化できる」との認識を持っていました。

鈴木さんだけではありません。橋本龍太郎さん、小渕恵三さん、野中広務さん、森喜朗さんもそうでした。ですから、彼らのような政治家が今、権力の中枢にいたら、学術会議問題は起きなかったと思います。

ちなみに、小泉純一郎さんは学知そのものには関心がなかったようです。私が竹中平蔵さんから聞いたところによれば、小泉さんは話を聞く時にはメモを取らないそうです。目を瞑《つむ》って聞き、「わかった」と言っておしまい。問題に対して「イエス」「ノー」のどちらで答えればよいかを思案していたのです。小泉さんなりの学知の使い方なのでしょう。メモを取っていた鈴木さん・小渕さん・野中さんとは、対照的です。

中曽根康弘さんは、大変な読書家でした。まだ陣笠代議士の頃、平記者だった読売新聞の渡邉恒雄《わたなべつねお》さん（現・読売新聞グループ本社代表取締役主筆）と毎週土曜日、ホテル霞友《かゆう》会館（外務省の外郭団体が保有、一九九八年廃業）で三時間の読書会をして、イマヌエル・カントの著作など教養書を読み漁っていました。二人で酒を飲む時も、話題は読書と政治の話ばかりだったそうです。

菅さんの場合、読書会になんの価値も見出さないのではないでしょうか。特定なブレーンを持たなくても、学知に対して畏敬の念を持ち、それを吸い上げることができるか否かは、のちのち響《ひび》いてくるように思います。

菅政権はメージャー政権に似ている⁉——山口

私は一九九〇年代後半から、政権交代を起こすことを念頭に民主党を応援していました。とはいえ、本当に政権が獲れると思ったのは、二〇〇六年に小沢一郎さんが党代表になってからです。

リベラル・革新勢力だけでは自民党に勝てないけれど、小沢さんが党の顔になれば保守層のアレルギーも薄れるだろう。また、自民党を熟知し、権力闘争に長《た》けた小沢さんなら、選挙で勝てる戦略・戦術を遂行するに違いない。一九九〇年代は新自由主義の「日本改造計画」、二〇〇〇年代は現代化された社会民主主義の「第三の道」と右左にぶれたものの、学知を尊重しており、理論的なものに関心が高い。しかも、自民党は小泉純一郎政権の時に新自由主義に舵を切りましたから、それに不満を持つ保守層も取り込めると考えたのです。

話を戻します。菅政権の類似政権を見ることで、菅政権が長期政権になるか、短期政権になるかを読み解くことができます。しかし、ここまで見てきたとおり、菅政権は「異形の政権」であり、国内では類似政権が見あたりません。私が類型として挙げたいのは、イギリスのジョン・メージャー政権（一九九〇年一一月〜一九九七年五月）です。

マーガレット・サッチャー政権（一九七九年五月〜一九九〇年一一月）は、一〇年にわたる長期政権となり、国民の間に「飽《あ》き」や「倦《う》み」が生じました。保守党内にも「サッチャーおろし」が起こり、急遽《きゅうきょ》浮上したのがメージャーです。

メージャーは、階級社会が根強く残るイギリスにおいて、エスタブリッシュメント（支配階級）出身ではなく（父親は庭園装飾物職人・俳優）、大学にも進学していません。また二度の落選を経験するなど、叩き上げを売りにしていました。その選挙活動は、段ボール箱に乗って演説をするなど、実直さを前面に出したものです。カリスマ性はなく、地味で凡庸、毒にも薬にもならない人物と思われていました。

メージャーは首相に就任すると、サッチャー前首相の構造改革を引き継ぎ、公共施設の建設・運営を民間にゆだねる政策を打ち出すいっぽう、サッチャーが強行したものの批判が高まっていた人頭税《じんとうぜい》（一八歳以上の全国民に対して一律に税金を課す）を廃止します。

在任中も人気があったわけではなく、次の選挙で代わるだろうと目されていたところ、一九九二年の選挙では予想を覆して辛勝。長期政権の基盤を築きます。その後、内政においても外交においても、サッチャー政権の方針を継承するかをはっきりさせることなく、「理念なき政治家」と言われました。しかし、私はその曖昧《あいまい》さが六年半もの長期政権につながったと見ています。

保守本流かつ華々しいイメージで長期政権となった安倍晋三政権に比べて、菅政権は地味で目立ちません。また、安倍政治を継承すると公言しましたが、どうもはっきりしない。メージャー政権に似ていないでしょうか。

野党が菅政権を攻めあぐねているうちに、メージャー政権のように長期政権を築いてしまう可能性もあります。なぜなら、いっこうに野党の支持率が上がる気配はありませんし、立憲民主党の枝野幸男代表の人気も芳《かんば》しくありません。近く行なわれるであろう衆院選（衆議院は二〇二一年一〇月二一日に任期満了）は、まさに不人気な党首同士の戦いになるわけです。

これだけ菅政権の支持率が下がっているにもかかわらず、国民に自民党政権を代えようと思ってもらえないことを、野党は深刻に受け止めなければなりません。そもそも野党は、与党に比べてメディア露出の機会が少なく、テレビの国会中継でも政府を攻撃する場面ばかりですから、そのままでは支持率は上がりません。また、枝野さんはギリギリまで待って手を打つなど慎重派で、みずから先手を取って状況を切り開いていくようなことはしませんが、それでは選挙に勝てません。

仙谷由人《せんごくよしと》元官房長官は政権交代が起きる前の民主党時代、霞が関の中堅官僚と勉強会を行ない、実現可能な政策立案をする努力をしていました。今の野党で、そのような努力をしている人はどれだけいるでしょうか。

官僚の怨念――佐藤

野党、とりわけ立憲民主党と国民民主党は、霞が関の支持をまったくと言っていいほど得られていません。理由は簡単です。両党の源流である民主党は政権時代（二〇〇九年九月～二〇一二年一二月）、政権を失って以降は野党合同ヒアリングで、官僚をこれでもかとばかりに吊るし上げてきたからです。

それは官僚からきちんと話を聞くというものではなく、中国の文化大革命の時の三角帽子を被《かぶ》せて自己批判を求めるようなやり方でした。呼びつけられるのは主に課長級でしたから、現在は局長になっている人もいます。彼らは怨念を晴らす機会をうかがっており、「誰がおまえたちのために」と腹に一物《いちもつ》背に荷物で、省庁を挙げて非協力的になるわけです。特に、立憲民主党の蓮舫《れんほう》代表代行、福山哲郎《ふくやまてつろう》幹事長が官僚から嫌われています。野田佳彦元首相、岡田克也《おかだかつや》元外相、国民民主党の玉木雄一郎《たまきゆういちろう》代表や前原誠司《まえはらせいじ》元外相はそのようなことはしません。

来《きた》る衆院選に、野党は候補者を一本化して臨《のぞ》むことが予想されますが、どのような戦術を取るかが鍵となります。改憲阻止のために三分の一の議席を獲得する戦い方はこれまでは有効でしたが、「三分の一少数派連合」では政権交代を目指すことはできません。三分の一の議席確保とは、日本国憲法第九十六条にある「憲法の改正は、各議院の総議員の三分の二以上の賛成で、国会が、これを発議し、国民に提案してその承認を経なければならない」から、政権与党に三分の二以上の議席を取らせないことを意味します。

自民党にすれば、野党を少数派にしておくには憲法改正を争点にする。もっと言えば、憲法改正をちらつかせれば、広範な野党結集は不可能になる。つまり、自民党が憲法改正のアジェンダを立てることは、権力を維持するにはきわめて有効なのです。

安倍前首相が発見した、政権交代させない戦術――山口

改憲阻止のために三分の一の議席を獲得することは、一九五〇年代の社会党が取った戦術です。鈴木茂三郎《すずきもさぶろう》社会党委員長は一九五一年、党大会の委員長就任演説で「青年よ再び銃をとるな」と戦争反対を訴えます。それを契機に、同戦術が生まれたのです。

二〇一六年五月、安倍晋三首相（当時）は参院選を前に「在任中に成し遂げたい」など と憲法改正を訴えます。これに対し、憲法改正に反対する野党は民進党、社民党などを中心に、共産党を含めた野党共闘が生まれ、三分の一の議席確保という選挙戦略で戦いました。結果は自公の参議院勢力は三分の二に届かなかったものの、自民党の六議席増・公明党の五議席増に対し、当時第二党だった民進党は一五議席を減らす惨敗を喫しました。

安倍さんが発見した、三分の一を獲得できても政権交代させない戦術が功を奏したのです。安倍さんのようなリーダーが憲法改正を言葉にすることで磁場ができ、対抗勢力が遠くに引き寄せられていく。つまり、政治が二極化したわけです。

憲法擁護を掲げる野党としては、人権や民主主義の基本原理を壊されてはたまらないの

で、改憲阻止でとりあえず三分の一を確保するために戦わざるをえません。安倍さんの術中にはまるのは悔しいかぎりですが。

安倍さんが発見した政権交代させない戦術は、もうひとつあります。それは、ナショナリズムにもとづくプライド、つまり近隣諸国に対する優越感を煽《あお》ることです。

コロナ対策では韓国・中国・台湾・オーストラリア・ニュージーランドなど、感染封じ込めの成功例——具体的にはPCR検査を拡大して陽性者隔離を徹底する——があるのに、日本は頑《かたく》なにそれを学ぼうとしません。国内でも和歌山県や東京の墨田《すみだ》区が独自の方式で検査・隔離の拡充を行ない、有効な結果を得ました。それなのに、政府はその方式を全国化しません。

不思議なことはまだあります。日本は、人口比の死者数が欧米より少ないのですが、アジア・オセアニアの国々に比べると多い。ところが、安倍さんは二〇二〇年五月に「日本モデル」などと言って、あたかも日本の対策がうまくいっているかのようなイメージを与えました。

コロナ対策だけではありません。製造業やIT関連の技術でも、日本は韓国・中国・台湾に後れを取っています。就業者一人あたりの労働生産性は二〇一九年、韓国に逆転されています（日本生産性本部調査。日本はOECD［経済協力開発機構］加盟国三七カ国中二六位。韓国は二四位）。

根拠のない優越感を国民に振りまけば、政策の失敗を糊塗《こと》できます。有権者も危機を訴える耳障《みみざわ》りな言葉よりも、プライドをくすぐる言葉のほうに耳を傾けやすい。しかし、それでは他国に学ぶという謙虚で実践的な手法は遠のくばかりです。

根拠のない優越感は、実は壊れかかった日本のプライドです。この壊れかかったプライドは、自民党と野党の攻防における対立点にできます。プライド鼓舞に対して、野党は「ここがおかしい」「これは駄目だ」と指摘していく。そのうえで、必要な課題を対案として出すのです。自虐的と批判されて、一時《いっとき》支持率が下がるかもしれませんが、対案が他国で成功を収めたら、有権者の目も変わるでしょう。

多くの人々が「ゆでガエル状態」に甘んじて、自分たちの国の窮状について正確にとらえることを「自虐的」として受け入れないならば、それこそ日本の終わりです。そこは、国民の自己修正能力について、あえて楽観的にならなければ、政治を論じることはできません。

日本はプライドに執着するのではなく、もはや先進国とは言い難い現実を虚心坦懐《きょしんたんかい》に見つめ、一からやり直すくらいの覚悟を持たなければなりません。そうでなければ、本当に中進国、後進国になってしまいます。

コロナ禍を乗り越えるために今必要なのは、プライドを煽ることではなく、コロナ禍の全体像を明らかにして、国民とそれを共有することです。変異株が広がっているなか、徹底的なＰＣＲ検査、遺伝子解析など基礎的な対策をしっかり行なわねばなりません。そうすれば、世論も変わってくるでしょう。

選挙は風頼み――佐藤

自民党議員を選挙面から分析すると、次の三つに分けられます。第一に選挙基盤がしっかり確立している人、第二に選挙基盤はそれほど強固ではないけれど創価学会や地元の県会議員・市会議員との関係が良好である人、第三に選挙基盤が脆弱で、しかもそれを固める術《すべ》すらわからない人です。その多くは陣笠議員ですが、後援会のつくり方もわからないし、どぶ板選挙の経験がないのはもちろん、その意味すら知りません。

どぶ板とは側溝をふさぐ板のことで、どぶ板がたくさんあるような地域を歩く選挙活動を、どぶ板選挙と言います。戸別訪問が禁じられているため、道路を歩きながら偶然出会った有権者に支持を訴えるわけです。それだけ、丹念に選挙区を回ったのです。

第一の人にすれば、選挙の顔が誰であろうと当選できますから、菅さんでなくてもいい。いっぽう第二の人は、現在の自公関係を維持できる菅さんであることが望ましいと考えています。問題は第三の人たちで、ひたすら自民党への追い風が吹くことを願っています。風頼みですから、風を起こせる人なら菅さんでなくてもいい。河野太郎さんや小泉進《しん》次郎《じろう》さんが瞬間風速でも大きな風を巻き起こすなら、そちらに流れるでしょう。

この第三の人たち、すなわち風次第で当選・落選が決まる人たちは、自民党議員の三分の二を占めていると思います。ですから、与党である自民党も衆院選には危機感を抱いているはずです。

現在の自民党議員が本気で「落選」を覚悟したのは、二〇一七年の衆院選で小池百合子《こいけゆりこ》東京都知事率いる希望の党が登場した時でしょう。権力を失う危機感をひしひしと感じたはずです。小池さんがこの時、国政に出ていれば、政権奪取は十分にあったと思います。その恐怖を知る自民党議員たちは、同じことがいつ起きてもおかしくないと考えている。

だから、小池さんを自民党に取り込めば、少なくとも自身が落選することも、自民党が下野することもないと考え、自民党を出ていった小池さん（日本新党→新進党→自由党→保守党→保守クラブ→自民党→都民ファーストの会→希望の党→都民ファーストの会）でも受け入れると思います。

いっぽう、菅さんにとっては風が起きないことが望ましい。政権の長期化につながるのは一に追い風、二に無風ですから。なお、この場合の追い風は、コロナ禍封じ込めではありません。コロナ対策は誰がやっても難しいと同時に、早いか遅いかは別として、できて当たり前です。だから、減点法でしか採点されません。

追い風とは外圧です。たとえば、中国の漁船が日本の海上保安庁の巡視船に衝突し、中国海軍が出てきたけれど、海上自衛隊が制圧したというようなことが起きれば、瞬間風速マックスの追い風になります。まあ、その可能性は低いでしょうけれど。逆に言えば、これほどのことがないかぎり、菅政権には追い風は見込めません。

ただ、このまま株高が続いていけば、安倍晋三政権下と同じように追い風になる可能性はあります。菅政権がこれだけヨタヨタしてきても、経済界からはいっこうに不満の声が上がってこないのは、株価が安定しているからです。株高は、政権が長持ちする要件のひとつなのです。

派閥はイノベーションの源泉――山口

選挙における風頼みは、自民党の劣化を象徴している話です。かつての自民党なら、たとえば菅さんでは大きな風が起こせないなら、自分たちで引きずりおろして、新たな選挙の顔を担ごうというパワーがありました。あるいは、首相といえども、反主流派から大きなプレッシャーを受けました。

実際、田中角栄政権時に金脈問題が噴出すると、福田赳夫さんや三木武夫さんは大臣を辞任して、政権に揺さぶりをかけています。岸信介さんの時代でも、反主流派は「ちょっとこいつの足を引っ張ってやろうか」と虎視眈々《こしたんたん》と隙《すき》をうかがっていました。重要法案の審議の際、野党と事実上手を結び、政府の足を引っ張ることすらありました。総裁選では、各派閥が総力を挙げて戦っていました。その象徴が、派閥一丸となって一糸乱れずに動いた経世会です。それだけ、権力闘争が激しかったわけです。

現在、自民党議員の九割以上は小選挙区制下で初当選を果たした人たちであり、激しい権力闘争を経験したことがありません。だから、政局のつくり方がわからないのです。当選するには風が必要だけど、自分から動くのではなく、ただ人気者の出現を待つという体たらくです。

とはいっても、菅政権はコロナ禍と戦う「戦時内閣」ですから、その政権を倒そうとする力学は働きにくい。この状況下での政争はマイナスのイメージがつきまといます。

安倍晋三政権以降、総裁選が予定調和的となり、投票前から結果がわかっているようになりました。そこには、かつての激しさはありません。それだけ、派閥が衰弱しているのです。

しかし派閥は、自民党にとって金権腐敗の元凶であると同時にイノベーションの源泉でもありました。その内実は、権力闘争に勝利することが第一であって、大義名分は勝ってからのあとづけで探せばよいというものでしたが、池田勇人さんの高度経済成長、田中さんの日中国交正常化のように、総裁選に勝利した人がイノベーションを起こす結果をもたらしました。それこそ、変化する自民党の真骨頂です。

現在の総裁選では、みんなで石破茂さんをいじめて三位に沈めるなど、内発的なイノベーションの芽を摘み取ってしまっています。これは、組織としては自殺的な行動です。

次の衆院選で、野党側に風が吹くことは現状では起こりにくいでしょう。国民は、コロナ対策は政権が代わったからうまくいくものではないと考えているようですから、菅さんには有利に働きます。自民党の将来のためにも、菅さんに対する批判や揺さぶりがあったほうがよいのですが……。

利権・中抜きの相場——佐藤

石破茂さんいじめには、『ソロモンの指環』（コンラート・ローレンツ著、日高敏隆訳、ハヤカワ文庫NF）に出てくる鳩の喧嘩を連想しました。鳩は平和のシンボルとされていますが、喧嘩になると容赦ない凶暴性を発揮します。特に、家族や仲間以外の余所者《よそもの》には、猛烈な敵愾心《てきがいしん》を示すそうです。対して、鋭い嘴《くちばし》と爪を持つ鷲《わし》や鷹《たか》などの猛禽類《もうきんるい》の喧嘩は、たがいに致命傷を与えないように配慮するところがあるそうです。

石破さんは出戻りですから（自民党→改革の会→自由改革連合→新生党→新進党→無所属→自民党）、野党暮らしなど苦しい時期も自民党から離れずに支えた人たちからすれば、「自民党が強くなったら戻ってきやがって」ということなのでしょう。

自民党の劣化で言えば、自民党ならではの「作法」も忘れられています。政治家が利権漁りをしなくなっているのです。

「Ｇｏ Ｔｏ（トラベル・Ｅａｔ）」事業の事務局経費が一八％と言われていますが、これを知った鈴木宗男さんは「これは、政治家が嚙んでいない」と驚いていました。理由を尋ねると、「この類《たぐい》のものには政治家がかかわることが多いが、政治家が中抜きするにも程度がある。その天井が五％であり、原発でもダム工事でも迷惑料は五％が天井だ。経費の合計が一八％というのは、永田町の常識に照らして異常だ。つまり、政治家が嚙んでいない。本来ならば、政治家が群《むら》がってきて大変なことになっているはずだ」と教えてくれました。

鈴木さんは、こうも言っていました。「政治家が群がっていないのに一八％になっているのは役人同士で回し、しかも面倒だから丸投げしているに違いない。現金をいじらずに、OBたちに職を世話するかたちで抜いているのではないか」と。確かにこういう構図ならば、彼らは直接現金のやりとりをするわけではないので、不正をしているという感覚が薄いでしょう。

政治家が利権を漁らなくなるというのは良いことかもしれませんが、利権をめぐる作法やルールがわからなくなっていることを示しています。それだけ、政治家としての力が落ちているのです。そもそも政治家に「利権を漁るな」と言うのは、猫に動物性タンパク質を摂らせないのと同じくらい無理な話だと思います。ただ、最低限の量を摂るだけでよいので、むやみやたらに摂る必要はないですし、そうならないようチェック機能が働くべきです。

与党議員だからできること――山口

コロナ禍にあって、経済的困窮が深刻な社会問題になるいっぽう、日経平均株価は三万円をうかがう勢いです。これこそ社会の矛盾そのものだと思いますが、その深刻さは、国民と与党自民党の政治家の間で共有されていません。

中選挙区時代の自民党議員は選挙区への目配りが行き届いており、どこでどういう人がどのように困っているか、きめ細やかに情報を吸い上げていました。

彼らは、それを党中央にフィードバックし、政調会の部会で役人と議論を重ね、政策をつくっていきました。それが、政府を動かしたのです。与党であるがゆえにできることであり、自民党の強みでもありました。

ところが現在、前述のように政治家の活動量が低下しているため、その機能が働いていません。ただ、県会議員・市会議員は住民の声を聞き、行政サービスに反映させることを行なっています。その意味では、まだ政治の救済機能はぎりぎり残っています。

きちんと選挙区を回る、業界とつきあう、さまざまな情報を入れる――これらを担保する活動量を、政治家一人一人が持たなければなりません。佐藤さんが言われた中抜き一八%ではありませんが、官僚だけでスキームをつくると、どこかの会社に投げるような雑な政策になってしまいます。官僚ではできない、政治家ならではの役割を今こそ果たしてほしいと思います。

幻の菅政権総辞職シナリオ——佐藤

私は政権発足当初、菅政権が短期に倒れるとしたら、その要因は、後継の存在、政治システムの維持、それに菅首相個人を含めての身近なところでのスキャンダルであろうと考えていました。

しかし、時間の経過につれて、新型コロナウイルス感染を含めた菅首相の健康、そして東京オリンピック開催をめぐる問題の対応いかんで、政権が大きく揺らぐのではないか、と考えるようになっていきました。

もし当初の予定どおり無理矢理、二〇二〇年に開催していたら、感染拡大や欧米からアスリートや関係者がほとんど来ずに中途半端な大会となり、カネばかりかかったイメージが定着して、政権に大きなダメージを与えていたでしょう。ですから、開催を二〇二一年に延期したことは、菅政権にはプラスに働いたと思います。

いっぽうで、延期決定の直後から、オリンピック問題がいっそう政局にかかわってくるだろうと予想しました。具体的には、小池百合子都知事が機を見て中止を言い出し、菅さんが押し切られてしまうシナリオです。その結果、菅首相の求心力が急激に落ち、内閣総辞職に追い込まれることは火を見るより明らかです。

小池さんにとっては国政復帰、首相レース参戦のまたとない好機になりますから、大勝負に出る可能性があるかもしれないと見ていたのです。しかも、東京五輪組織委員会の森喜朗会長の女性蔑視発言がありましたから、ジェンダーフリーを前面に出して「女性だから中止の決断ができた」と声を大にして訴えれば、政治状況は一変したでしょう。そして、オリンピック中止を訴えた小池さんには指導力がある、国民の声に耳を傾けていると して、小池さんに国政をゆだねたいという声が沸き起こったかもしれません。

しかし、小池さんは、そうはしませんでした。実は、小池さんは大きな決断ができない人です。二〇一七年に希望の党を結成した時も、みずからの国政復帰という大勝負に出る決断ができずに惨敗を喫しています。

結局、さまざまな中止の声を振り切って東京オリンピックは開催され、八月八日に閉幕しました。これは延期決定以上に、菅政権にプラスをもたらしました。反対が渦巻くなか無事なしとげたことで、「とりあえず菅さんでもいいか」との評価につながるからです。

「シロアリ戦術」のすすめ――佐藤

山口さんは前著『長期政権のあと』のなかで、与野党協調体制の必要性を説かれました。まったく同感です。もし私が立憲民主党のブレーンだったら、共産党との関係を絶縁して菅政権に閣外協力を申し出るよう、進言します。「閣僚ポストを求めているわけではない。コロナ禍という国難のなか、菅政権を全面的に支持し、協力していく」と申し入れるのです。菅政権にすれば、これは怖い。なぜなら、断る理由がありませんから。

問題は、立憲民主党がどのような選択をするかです。もし共産党と手を組んで衆院選を戦えば、前述のように、共産党の票をもらって当選した立憲民主党の議員は、共産党の意向を付度《そんたく》するようになっていくでしょう。実際、旧東ドイツに格好の事例があります。

一九四六年、東ドイツの共産党は単独では支持が得られないために、社会民主党と合併して、社会主義統一党を結成します。同党はさらに、旧ソ連共産党と連携して政権政党になります。その後、東ドイツにソ連の影響が強まるにつれて、社会民主党出身者は共産党に迎合していきました。

立憲民主党と共産党が統一戦線を組めば、同じようなことが起こるかもしれません。それよりも、立憲民主党は自民党に抱きついてしまえばいいのです。自民党の軍門に下《くだ》ったように見えますが、これは「シロアリ戦術」です。

立憲民主党が自民党と組み、政権与党となると、政策立案能力や政策実現能力において、両党どちらの議員にその能力があるかが明確にわかります。しかも、「政策には協力するが、選挙協力はしない。ガチンコで戦おう」とすれば、立憲民主党の候補者は菅政権での実績を訴えて、自公の候補者との争点にすることができます。立憲民主党には優秀な人が多いですから、まさにシロアリのように政権与党を侵食していくことができるでしょう。

立憲民主党の軍師となっている中村喜四郎さんは、「無敗の男」と言われるほど選挙に強いですが、その勝利には創価学会の応援も寄与しています。野党結集を視野に入れている中村さんは二〇二〇年の共産党大会に出席しましたが、創価学会は共産党を忌避しています。創価学会は今後、中村さんの応援から手を引くかもしれません。中村さんが連勝を続けられるかどうか、私は注目しています。

菅政権の存続が問われる時——山口

シロアリ戦術、おもしろいですね。衆議院の任期は残りわずかですが、その間はコロナ禍対策について与野党共同で政策を議論・決定し、共同統治するくらいの思い切った提案が、野党側には必要でしょう。自公政権に対して「大事な政策は全部通すから、野党の最優先政策もひとつは実現してくれ」と話を持ちかけるわけです。

もちろん、与党対野党の枠組みのなか、野党が提案した筋の良い政策は政権が吸収してしまい、野党の功績は目立たないかもしれません。与党による〝いいとこ取り〟です。だからといって、今までどおり批判ばかりしていれば、「揚げ足取り」「スキャンダル探し」と言われて、国民の支持が広がりません。しかも、今の野党が菅政権を脅かす可能性はきわめて低い。この隘路《あいろ》を突破するには、大連立は有効だと思います。

この大連立を含め、現状を突破する知恵は今のところ、立憲民主党にはないようです。次章では、立憲民主党が目指すべきは大連立政権か野党連合政権かについて、結論を述べるつもりです。

私も佐藤さんと同様、菅政権はふらふらしながらもしぶといと見ています。支持率は下がっていても、後継者の人材難と野党側の無力が、菅さんに首相の座を担保しているのです。相対的な安定構造です。

確かに、小泉進次郎さんや河野太郎さんは有力候補でしょうが、二人とも自分の派閥を持ち、直参旗本に支えられているわけではありません。その人気に依存していますから、加除式の付け替え可能な表紙にしかすぎません。小池百合子さんの場合、担いでくれる派閥の強力なバックアップがなければ、無理でしょう。しかも、派閥のバックアップが露わになればなるほど、小池さん自身の指導力・統率力が後退した印象を与えますから、人気は下がるかもしれません。

現在は株高により、さまざまな問題を覆い隠していますが、もし経済状況が悪化したらどうなるか。その時こそ、菅政権の存続が問われるでしょう。

第五章

新たな世界地図

民主国家より多い非民主国家──山口

好調な経済やコロナ禍の封じ込めの成功ゆえか、中国の権威主義的統治に倣《なら》おうとする、新興国・途上国が増えています。また、民主主義国家であったハンガリー・ポーランド・トルコなども非民主主義体制に転換し、強権化が進んでいます。中国はこうした国々を支援し、国際的影響力を強めようとしています。

スウェーデンの調査機関V‐Demの二〇一九年の調査によれば、市民の自由や政治参加、熟議などの基準に照らし、民主主義と認定できる国・地域は八七、いっぽう非民主主義の国・地域は九二で、一八年ぶりに民主主義国家が少数派になりました。

平等を志向する政治体制である民主主義が行き詰まり、その衰退は世界的潮流になっているのです。背景には、経済の低成長とグローバル化による富《とみ》の集中と貧困・格差の広がりがあります。本章では、本書の締め括りとして、民主主義の衰退とともに変わりつつある世界秩序、言わば「新たな世界地図」について論じていきます。

共産主義国だったハンガリーは二〇〇四年、「自由・民主主義・法の優位・人権の尊重」を基本理念とするEU（欧州連合）に加盟しました。ハンガリー国民は、民主化すれば豊かになれると信じたのです。しかし、その後のハンガリーは経済の停滞に喘《あえ》ぎ、また難民流入にも悩まされ続けます。EU統計局の二〇一七年のデータでは、ハンガリーの時給は九・四ユーロとEU加盟二八カ国中二四位で、加盟国平均二六・八ユーロを大きく下回っています。ちなみに、一位のデンマークは四二・五ユーロでした。

二〇一〇年に政権を担ったオルバン・ビクトル首相は選挙で選ばれたことを根拠に司法を弱体化して憲法改正を行ない、メディアを厳しく規制しました。そして二〇一八年、「自分たちの国は自分たちの手で守る」と「ハンガリー・ファースト」を唱えて非自由民主主義を宣言し、反EUの姿勢を取りました。

ポーランドもトルコも自国ファーストを唱え、強権統治を行なっています。民主主義国家のシンボル、アメリカでさえ権威主義のかたまりのようなドナルド・トランプ前大統領の登場を許しています。トランプ前大統領は、「ミスター極右」の異名を取るオルバン首相の統治手法を称賛していました。

V‐Demは、民主主義から権威主義へは「選挙によって政権獲得↓メディアと市民社会の弾圧↓社会を分断↓敵対者を貶《おとし》める↓選挙をコントロール」の段階を経ると解説しています。まさに、トランプ前大統領が取ってきた手法です。

日本も例外ではありません。民主主義という衣《ころも》の下に鎧《よろい》どころか、衣の上に鎧と言うべき政治状況にあります。実際、二〇二一年七月にはコロナ対策としての酒類提供停止に、政府は法的根拠のない「脅しの手法」を用いましたが、これこそ権威主義、強権統治を象徴しています。

資本主義の暴走——山口

二〇二〇年代に入ると、民主主義は主に二つの問題に直面するようになりました。第一に、経済、すなわち資本主義との矛盾と弊害を孕《はら》む関係です。第二に、情報とそのツールとしてのSNSとの関係です。どちらも、民主主義の危機を如実に示す問題です。

第一の問題、特に所得格差の問題は資本主義の根本的課題ですが、他の面に関しても資本主義は修正しなければならないとの問題意識が広がっています。では具体的にどうするかとなると、その答えや出口がなかなか見えてきません。

経済との関係における民主主義の危機は百数十年前、独占資本の横暴やカール・マルクスが指摘した、社会は豊かになっていくのに一部の人々は貧しくなっていくという矛盾として存在していました。その後、二〇世紀のアメリカでフォーディズム（フォード・モーターの創業者ヘンリー・フォードの経営思想で、製品を通じての社会貢献・従業員への高賃金・顧客への低価格提供などを根幹とし、大量生産を支えた）など資本主義の修正が起こり、労働者を消費者にすることでさらに成長するモデルが確立し、危機を脱することができました。しかし、フォーディズムを二一世紀に再現することは難しいでしょう。

斎藤幸平《さいとうこうへい》大阪市立大学大学院准教授は、その著書のなかで、ノーベル化学賞受賞者パウル・クルッツェンが名づけた「人新世《ひとしんせい》（ビル・工場・道路など人類の活動が地球表面を覆いつくすことで突入した想定上の地質年代）」を引いて、気候変動に代表される環境危機と資本主義のグローバル化には関係があると指摘しています（斎藤幸平著『人新世の「資本論」』集英社新書）。

そして「ＳＤＧｓもグリーン・ニューディールも、そしてジオエンジニアリングも、気候変動を止めることはできない。（中略）資本主義が引き起こしている問題を、資本主義という根本原因を温存したままで、解決することなどできない。解決の道を切り拓《ひら》くには、気候変動の原因である資本主義そのものを徹底的に批判する必要がある」（同）と述べ、「これまで私たちが無関心だったせいで、一％の富裕層・エリート層が好き勝手にルールを変えて、自分たちの価値観に合わせて、社会や仕組みや利害を作りあげてしまった。けれども、そろそろ、はっきりとしたＮＯを突きつけるときだ。冷笑主義を捨て、九九％の力を見せつけてやろう。（中略）今この瞬間から動き出すのが鍵である。その動きが、大きなうねりとなれば、資本の力は制限され、民主主義は刷新され、脱炭素社会も実現されるに違いない」（同）と、私の世代にとっては懐《なつ》かしい「直接行動」を主張しています。

直接行動とは、大集会・街頭デモなど、議会主義的方法を取らずに目的の実現をはかる闘争方法です。かつては暴力と結びついたこともあり、危険な面もあることは事実です。しかし斎藤さんは、直接行動が建設的な方向に作用して政策を転換できると考えているのです。予定調和的であり、楽観的とも言えますが、人間の理性を信頼しているわけです。

このように、若い知識人が直接行動を訴えるようになったことは、とても興味深いことです。議会制民主主義に対する絶望・懐疑が強いのでしょう。

議会制民主主義への絶望・懐疑には、佐藤さんが前著『長期政権のあと』で述べた「行政権優位」もあると思います。安倍前首相に顕著でしたが、行政のトップである首相が閣議決定を繰り返すことは、国会の軽視にほかなりません。立法権よりも行政権が優位にあるわけです。これは民主主義の破壊につながります。

はたして、資本主義の改革を進めながら、社会統合を続けていくためのシステムの転換ができるのかどうか。もちろん、日本だけではなくて世界全体のテーマになりますが、私は、資本の側の合理性が発揮され、貪欲資本主義をある程度自己修正していくことから始まると考えています。

社会主義を肯定するアメリカの若者たち――佐藤

暴力的な直接行動となると、一九六〇年の安保闘争や一九六八年から翌年にかけて全共闘（全学共闘会議）が主導した学生運動を思い起こします。斎藤幸平さんが提唱する直接行動は「平和的な全共闘」のようなイメージですかね。

ロシアでは二〇二一年一月、刑務所に収監されている反政府派指導者アレクセイ・ナヴァリヌイの解放を求める、大規模な反政権デモが全土で行なわれましたが、プーチン大統領は治安部隊を投入してデモ隊を強制排除しました。

ですから、直接行動主義は社会を根底から覆す、つまり革命につながるようなモデルとしては成立しえないと思います。ある程度発達した資本主義国家なら、警察・秘密警察・インテリジェンス機関などによって、そのような行動を取る人々が出てこないようにするのは容易ですから。

他方、資本主義の総本山アメリカにおいて、「デジタルネイティブ」と呼ばれるミレニアル世代（一九八〇〜一九九五年に生まれた世代）、「ソーシャルネイティブ」と呼ばれるZ世代（一九九六〜二〇一五年に生まれた世代）を中心に、社会主義を肯定的にとらえる人たちが増えています。デジタルネイティブはパソコンやインターネットが身近にある生活環境で育ってきた世代であり、ソーシャルネイティブは、スマホやSNSに慣れ親しんでいる世代です。こうした若い世代に資本主義への懐疑が広がっているわけです。

社会主義者の一面を持つバーニー・サンダース上院議員が二〇二〇年の大統領選挙の民主党予備選で、若者の熱烈な支持を得て「サンダース旋風」を巻き起こしました。彼らは大学の学費の高騰・高額な医療費・経済格差などに憤り、資本主義に批判的です。環境意識が高いのも特徴です。

ただ、社会主義を肯定的にとらえると言っても、中国やロシアの政治・経済体制を求めているのではなく、スウェーデンの環境活動家グレタ・トゥーンベリさんのように、資本主義に代わる新しいシステムを希求しているのです。

陰謀論とＳＮＳ――山口

民主主義が直面している第二の問題、すなわち民主主義と情報の関係ですが、ネットやスマホなど二一世紀に起こった情報革命は啓蒙を促進するいっぽう、デマゴーグや出来事・物事を陰謀という視点で語る陰謀論が大手を振るうようになりました。

啓蒙の促進は、一五世紀の活版印刷の発明と宗教改革の関係が例として挙げられます。ドイツ人ヨハネス・グーテンベルクの活版印刷の発明により、書物はかぎられた人が読むものではなく、広く一般の人々が読むものへと変わりました。情報革命が起こったのです。聖書も活版印刷により普及し、これが宗教改革につながりました。

一六〜一七世紀になると、ヨーロッパ各地でキリスト教のプロテスタントとカトリックの新旧両派間の争いが起こり、やがて宗教戦争へと発展します。こうした経緯のなかで、近代的な思想・信仰の自由や寛容といった原理を共有して、社会原理が転換しました。近代的自由のかたちが確立したわけです。では、二一世紀の場合はどうでしょうか。

現代も情報技術の進歩につれて、社会は大きく変化しています。二〇一〇年一二月に起こったチュニジアのジャスミン革命から波及した「アラブの春」は、SNSなどのコミュニケーションおよび情報発信ツールの普及なくしては、ありえなかったでしょう。いっぽうでSNSは、真偽不確かな情報を瞬時にして拡散するなど、負の側面も持ち、陰謀論の蔓延に加担しています。

二〇二一年一月六日、アメリカ合衆国議会が開かれていた議事堂を、トランプ大統領(当時)の支持者らが襲撃しました。この時、議事堂ではジョー・バイデンの大統領選の勝利が認定されるところでした。襲撃者たちの多くは、トランプが訴えた大統領選挙の不正という陰謀論を信じ、行動を起こしました。結果、警官一人を含む五人が亡くなりました。国の内にも外にも大きく民主主義を掲げるアメリカで、内戦につながりかねないようなことが起きたのです。問題は、相当に深刻です。

かつて、情報は思想・信仰の自由や寛容との共存に向けて安定、解決をはかるうえで不可欠なものでしたが、今や対立を煽るツールになっているのです。

殺戮《さつりく》のはてに生まれた寛容――佐藤

ドイツの神学者マルティン・ルターが始めた宗教改革から生み出されたカトリック・プロテスタント両派の対立が激化し、一六世紀中頃から一七世紀はじめにかけてヨーロッパ全土に広がったのが、宗教戦争です。各国で寛容令が発布されると、そのたびごとに収束に向かいました。寛容令とは、プロテスタントなど特定宗教に関する信仰の自由をカトリックを国教とする君主や政府が保証した宗教法令です。

寛容令発布の前提には、戦争における殲滅戦《せんめつせん》があります。殲滅戦で勝利した場合、敵がいなくなるわけですから、寛容令は発布されません。逆に敵を殲滅できない、もしくは敵を殲滅するには味方の犠牲がきわめて大きくなるという状況になったところで、戦いに終止符を打つために寛容令が出されます。つまり、寛容の原理を共有して、併存をはかるわけです。

同様の経緯で誕生したのがEUです。ヨーロッパでは、第一次世界大戦（一九一四～一九一八年）・第二次世界大戦（一九三九～一九四五年）と、二度にわたって戦場となり、六〇〇〇万人とも一億人とも言われる死者を出しています。戦後、二度と戦争を起こさないよう、ドイツ・フランスの対立解消を目的につくられたのが、ECSC（欧州石炭鉄鋼共同体）です。ECSCは、EEC（欧州経済共同体）などを経て、EC（欧州共同体）となり、EUに至るのです。

二〇二〇年九月、西アジアに位置する旧ソ連のアゼルバイジャン共和国とアルメニア共和国との間で、ナゴルノ・カラバフ自治州をめぐって軍事衝突が起きました（ナゴルノ・カラバフ紛争）。

同紛争が最初に火を噴いた一九八八年、私はソ連科学アカデミー民族学研究所（現・ロシア科学アカデミー民族学・人類学研究所）を訪ねて、セルゲイ・アルチューノフ教授から詳しい分析をうかがいました。今後の見通しについて、アルチューノフ教授は「今のところ数百人規模の殺し合いだが、これが数千人になるか数万人になるかはわからないが、もうこれ以上の殺戮は嫌だと思ったところで、政府同士で折り合いをつける。それ以外に方法はないだろう」と述べました。その後、事態はそのとおりに進み、アルメニアに有利なかたちで終結しました。

対して、今回の紛争は一カ月半の戦闘と数回の停戦合意を経て、アゼルバイジャンに有利なかたちで終結しました。死者は、双方ともに二七〇〇人を超えています。

われわれが重視しなければいけないのは、啓蒙的理性です。人間的良心など、なんらかの基準を設けて、それに頼らないと、力の論理によって行くところまで行かないと問題は解決しないというのでは、あまりにも犠牲が大きすぎます。

アメリカの復元力――山口

徹底して殺し合わなければ平和はつくれない、共存できないとなると、希望がありません。やはり、啓蒙的理性を重視すべきです。陰謀論やデマゴーグと戦うのは大変ですけれど、啓蒙的理性で事実を説いたり、他者へのリスペクトを喚起させたりという地味な作業を続けていくしかないでしょう。

トランプ前大統領の出現はショックな出来事でしたが、社会構造あるいは経済格差を見ると、納得できる現象でした。具体的には、伝統的なブルーカラーの没落、ポリティカル・コレクトネス（政治的正しさ）によって平等と権利を保障する近代性に対する本音のレベルでの反発・反動など、さまざまな理由があります。理性と啓蒙が浸透するのは長い時間を要するので、トランプを支持した人々を「愚《おろ》か」と切り捨てることは、むしろ歴史を逆戻しにするでしょう。とにかく、理性的な議論を粘《ねば》り強く続けるしかありません。

トランプを信奉する陰謀論集団Qアノンや狂信的な支持者、右派ナショナリスト、これらの勢力は無視はできませんが、トランプ政権が一期で終わったことに、アメリカの復元力を感じます。

二〇二一年一月、ジョー・バイデンが第四六代アメリカ大統領に就任しました。今後、アメリカはどのような方向に向かうのでしょうか。その鍵を握るのが、ミレニアル世代やZ世代です。彼・彼女たちは、親世代に比べて高騰した授業料のため、借金をして大学に進学しなければなりません。しかも、卒業しても良い仕事に就いて豊かな生活が送れる保障はありません。経済的に脆弱なのです。ゆえに、プログレッシブ（革新的）を志向する。もっと言えば、ジェネレーション・レフト（左翼世代）です。

一九世紀末から二〇世紀前半の資本主義発展の時代、独占・富《とみ》の集中・格差に対する反発が、最初のポピュリスト・ムーブメントを生みました。そのエネルギーによって、独占禁止法など資本主義のリフォームがなされました。

二一世紀の現在、同様の問題が起こっていますが、どのようなかたちのリフォームがあるのか。とても困難な課題ですが、前述のように資本主義を修正していく、分配を公平化していく方向性がすでに出ています。アメリカ政府が、教育費や医療制度の問題などをある程度修正できれば、つまり普通の人々の生活リスクを少なくするような政策を実施できれば、アメリカ社会は落ち着く可能性があります。

アメリカは移民などでどんどん人が集まってきますし、イノベーションを起こす力や経済力、軍事力などは飛び抜けており、その潜在力も存在感も巨大です。私は、トランプ的な不確実・不安定な方向に向かう可能性より、この危機を収拾して資本主義の修正を行なう可能性のほうが大きいと見ています。

ただ、環境問題など、経済そのものの絶対的な生産や活動量を抑え込まなければならない課題を目の前にした時、それに答えることができるのかについては、なんとも言えません。また、保守政党である共和党の行方《ゆくえ》も危惧しています。トランプ的な極右および制御不能なムーブメントと、常識的な保守の間に亀裂が生じる恐れがあるからです。

アメリカの怒りを買ったトルコ――佐藤

私は、トランプ前大統領の外交を肯定的に評価しています。トランプがやろうとしたのは「戦争のリストラ」です。具体的には、アフガニスタンやイラクに駐留する米軍を削減し、イスラエルとアラブ首長国連邦・バーレーン・モロッコ・スーダンとの国交正常化を仲介して、イスラエルと敵対関係にあるイランを間接的に牽制したり、また北朝鮮との戦争リスクを抑えたりしました。

トランプによって、アメリカは「世界の警察官」をやめ、勢力範囲を収縮させたわけですが、この流れは今後も変わらないでしょう。

アメリカの収縮は、国際社会のパワーバランスに大きな変化を与えています。今後は、次に挙げる三つの国が国際情勢の不安定要因になるでしょう。中国・トルコ・ドイツです。特に、トルコは近年、国際社会で自己主張を強めています。そこには、大国化を目指す意図を見て取れます。

トルコはナゴルノ・カラバフ紛争ではアゼルバイジャンの後押しをして権益拡大に成功し、内戦が一〇年続くシリアでも影響力を強めています。私は、レジェップ・タイップ・エルドアン大統領が二〇〇五年から交渉を始めていたEU加盟をあきらめ、中東に帝国をつくろうとしているのではないかと危惧しています。

そのシンボリックな動きとして二〇二〇年七月、エルドアン大統領はイスタンブールの世界遺産でもあるアヤソフィア大博物館をモスクにしたことが挙げられます。アヤソフィアはローマ帝国時代にはキリスト教の大聖堂、オスマン帝国時代にはモスクとして使われていました。

トルコは、憲法で政教分離を定める世俗主義国家を標榜しています。世俗主義とは、政治や個人の行動の規範が、特定の宗教に縛《しば》られないというものです。建国の父ケマル・アタテュルク初代大統領は、イスラム教は後進性の象徴ととらえ、西洋化を推し進めましたが、その際、アヤソフィアを世俗化のシンボルとして博物館に変えた経緯があります。つまり、これをモスクに戻すということは世俗主義を捨て、アジア・アフリカ・ヨーロッパ三大陸に君臨したオスマン帝国への回帰を意味するのです。

トルコとEUの間には、東地中海の資源開発やトルコの人権問題をめぐり、深い溝がありますが、トルコのEU加盟を阻害する最大要因は、加盟国がキリスト教文化圏に属しているのに対し、トルコがイスラム教の影響下にあるという文化的要因です。

ちなみに、アメリカとの関係もきわめて悪く、人権や民主主義を重視するバイデン大統領は、トルコに対して厳しい姿勢を見せています。また、アメリカ・EUへの不満からのあてつけと見られているのですが、トルコが地対空ミサイルシステムをロシアから購入したことでも、アメリカの怒りを買っています。

トルコでは、二〇一七年に議院内閣制が廃止されるまで、首相が実質上の権力者であり、大統領は行政権を持ちませんでした。しかし、エルドアンは二〇〇三年に首相に就任すると、それまで議会で選出されていた大統領を国民投票による選出へと変更します。さらに、大統領に就任後は議院内閣制および首相職を廃止し、大統領の権限拡大を行ない、実権型の大統領制を実現します。中国の習近平《しゅうきんぺい》国家主席やロシアのプーチン大統領と同様に、みずからルールを変更して、長期政権を担保したのです。

　エルドアン大統領が実権を掌握以来、トルコ社会はイスラム化・保守化が進みました。アタテュルク大統領による西洋化の方針を、イスラム教中心の政治路線に切り替えたわけです。国民のほとんどがイスラム教徒ですから、異を唱える者は少数派です。彼は自分を批判するメディアを弾圧するなど、強権的な統治を行なっています。

　トルコは親日国家として広く知られています。両国の友好の絆《きずな》は固いですが、民主主義国家陣営に立つ日本は今後、難しい選択に迫られることがあるかもしれません。

対中国包囲網――佐藤

　イギリスは二〇二〇年一月、EUから正式に離脱しました。いわゆるブレグジットです。その結果、「EU≒ドイツ」となってしまいました。ドイツの存在感が急速に高まっているのです。そのことがよくわかるのが、ロシアとの関係です。

　EUとロシアはウクライナ問題（ウクライナのEU加盟問題から、ロシアによるウクライナ侵攻に発展した危機）により溝を深めていましたが、二〇二〇年八月のロシアの反体制指導者アレクセイ・ナヴァリヌイの毒殺未遂事件をめぐる制裁の応酬などで、さらに悪化しました。

しかしドイツは二〇二一年六月、フランスとともにプーチン大統領との直接対話の必要性を言及、対ロシア戦略の見直しを求めます。シリア内戦、それによる難民流入の問題でロシアの協力が必要と考えたわけです。これはアメリカに頼るだけではなく、EUが主体的に取り組むべきという、アメリカ離れの表れでもあります。

ドイツとロシアの間では、二〇〇〇年代から始まったロシアから天然ガスをバルト海経由でドイツに直送するパイプライン（ノルド・ストリーム1・2）が完成に近づいています。現在はウクライナ・ポーランド経由で送られている天然ガスが、ロシアから直接ドイツに運び込まれ、ドイツからヨーロッパ各地に送られるようになるのです。

この計画に長年、強固に反対してきたのがアメリカです。ヨーロッパのロシアに対するエネルギー依存が高まることへの警戒と、ウクライナ・ポーランドの利益を損なう恐れがあるからです。バイデン大統領も明確に反対を表明していましたが、結局ドイツに押し切られたかたちになってしまいました。ドイツからすれば、アメリカ・ロシアという二つの大国を相手に強かな外交を展開したということになります。以前のドイツには考えられない動きです。

ドイツが政治的に自己主張を強めることは、国際情勢の不安定要因のひとつになります。フランスの歴史人口学者エマニュエル・トッドさんからうかがった話では、ドイツは「パワー（大国）になる」ことをあきらめていないそうです。

ドイツが移民政策を取っているのはその一例です。ドイツは日本と同様に少子高齢化が進んでおり、労働力不足という問題を抱えています。そこで、移民に教育・技能を身につける機会を提供し、高度な能力を持つ人材を育成しているのです。日本の移民受け入れが低賃金の労働者確保の手段になっているのと違い、ドイツの移民政策は国家維持・発展のための投資目的になっています。

ヨーロッパでは現在、覇権主義的なふるまいをしている中国に警戒感を強めています。フランスはフリゲート艦（対空・対潜の装備を備えて哨戒や船団護衛などに従事する軍艦）をアジア太平洋に展開し、ドイツもフリゲート艦の同地域への派遣を計画しています。イギリスは、航空母艦（以下、空母）のアジア太平洋展開の検討に入っています。

アジア太平洋地域は世界人口の約四割、貿易量の約五割、GDPの約六割を占めています（外務省「APEC［アジア太平洋経済協力］の概要」）。アジア太平洋地域にインド洋を加えた地域がインド太平洋地域ですが、ヨーロッパ経済にとって重要地域になっています。

同地域に、アジア・ヨーロッパ・アフリカ大陸にまたがる巨大経済圏構想「一帯一路《いったいいちろ》」を掲げて影響力を高めているのが中国です。ヨーロッパ各国はこれに対抗しているわけです。さらに言えば、権威主義国家中国に対して、民主主義国家が包囲網を形成しようとしているのです。

フランスは南太平洋にニューカレドニアなどの領土を有し、イギリスもインド洋にチャゴス諸島を持っていますが、ドイツはアジア太平洋に領土を持っていません。そのドイツが艦船を送るのはきわめて異例です。対中国包囲網に「わが国も嚙ませてくれ」ということでしょうが、私はその根底には、ドイツの世界帝国化があると見ています。

帝国主義の復活――山口

中国の一帯一路構想に対し、日本は「自由で開かれたインド太平洋」を打ち出しました。アジア太平洋からインド洋を経由してアフリカに至る地域に、自由貿易・航行の自由・法の支配などの原則を定着させようとするものです。日本・アメリカ・オーストラリア・インドの四カ国が推進役となり、各国に賛同を求めています。

二〇二〇年一二月、フランスは潜水艦を日本に派遣し、沖《おき》ノ鳥島《とりしま》周辺で日本の海上自衛隊・アメリカ海軍と対潜水艦戦の共同訓練を行ないました。二〇二一年五月にも、九州西方で日米仏の共同訓練をしています。フランスは「インド太平洋地域の安全保障のための行動の一側面だ」と強調していますが、中国に対して同地域でのプレゼンスを示しているのでしょう。

イギリスも、アジアに積極的にプレゼンスを顕示しています。二〇二一年五月、イギリス海軍史上最大の空母クイーン・エリザベスをインド太平洋地域向けに出航させたのです。英国王立防衛安全保障研究所リサーチフェローのベール・ノーウェンズは、次のように述べています。

「領土問題や、国際社会で合意されたルールの無視など、地域の政治・経済的安定は揺らいでいる。(中略)この地域の国々のために地球の反対側まで行き、パートナーと協力し、演習を行い、寄港することをいとわない、我々は重要な軍事力を備えた強力な世界的存在感を持っているという合図だ。国際ルールを守ること、そして国際法が重要であるという明確なメッセージを送るもので、中国は反発するだろう」(「朝日新聞デジタル」二〇二一年二月二八日)。

日本の海上自衛隊との共同訓練も想定されているそうです。大英帝国時代のような、帝国主義的な要素が復活してきているように感じます。

このように、インド太平洋地域は各国の利害・思惑が入り乱れ、まるで太平洋戦争前夜のようです。民主主義国家が連合して権威主義国家中国に安全保障上での圧力をかけているるのでしょう。同地域の権益をめぐる覇権争いのようにも見えます。

ドイツの暴走――佐藤

ドイツがこれまでになかった動きをするようになったのは、力が落ちてきたアメリカの言うことを聞かなくなったからです。また、イギリスが離脱したEUには、フランスを含めてドイツに対抗できる国はありません。ドイツがやりたい放題できるのです。

これまでは、メルケル首相がブレーキをかけていました。彼女は戦後レジームの代表者であり、ニュルンベルク裁判（一九四五〜一九四六年、連合国がナチス・ドイツの戦争責任を裁いた軍事裁判）史観に依って立つ政治家です。「多大な犠牲をもたらしたのだから分《ぶん》をわきまえるべきだ、経済力に見合った政治的主張は控えるべきだ、ドイツは大きくなってはいけない、軍事的展開などもってのほか」と考える政治家なのです。

しかし、メルケル首相は任期満了の二〇二一年九月をもって首相を退きます。そのため、軍や情報機関の抑えが効《き》かなくなっており、これまでにない動きとなって表れているのです。

アメリカは力が落ちたと言っても、山口さんが言われたように、他国と比べ圧倒的な力を有しています。第一に、軍事力です。世界の国々が束《たば》になっても、アメリカ本土に上陸することはできません。圧倒的な、軍事力の差があります。第二に、ドルが基軸通貨であることです。ユーロも人民元《じんみんげん》も基軸通貨ではありません。中国が試験運用しているデジタル人民元が新興国を中心に基軸通貨となるのではないかと言う人もいますが、原油決済ほかドルの牙城は崩せないと思います。

ですから、アメリカ一強の構造は変わりません。ただ、一強ながらも、絶対的にも相対的にも弱っているため、中国・トルコ・ドイツが国際社会で自己主張を強めているというのが、現在の国際情勢です。

EUを離脱したイギリスは強がっていますが、それほどの力はありません。TPP（環太平洋パートナーシップ）協定に入りたくて、日本にすり寄ってきています。インド洋にある海外領土チャゴス諸島をもとに関与してくるわけですが、コモンウェルス（旧イギリス領植民地から成るイギリス連邦）をどう再活性化するかというかたちで、活路を見出していくのでしょう。ちなみに、チャゴス諸島のディエゴガルシア島には、島の全住民を追放して、アメリカ軍の中東空爆の拠点となる基地が置かれています。

他方、イギリスは公用語でもある英語を武器に、情報面において強い力を保とうとしています。香港《ホンコン》・新疆《しんきょう》ウイグルなどの人権問題で、先頭に立って中国を非難しています。イギリスは次は、かつて影響下に置いていたチベット問題で切り込んでくると思います。

情報の力を最大限に使って、ふたたびグレートゲーム（一九世紀から二〇世紀にかけて展開されたイギリス帝国とロシア帝国の情報戦）を始めている感じです。

米中衝突の可能性──佐藤

中国という国には、強い同化圧力があります。チャイナタウンをつくってそのまま住み着いたりして、気がつくと「中国化」が進んでいるのです。

それをよくわかっているのがベトナムです。隣国ゆえに影響されるのが早く、すぐ同化してしまうのです。それを恐れるから、かつての敵国アメリカとも手を握るわけです。実は、北朝鮮も中国の同化圧力を恐れています。このこともあって、北朝鮮はアメリカとの関係の正常化をはかっていくと思います。

日本にとっても、中国の同化圧力は最大の問題です。もし日本の人口が中国の半分程度、七億人であれば、中国の圧力・影響を跳ね返せるでしょうが、一億二〇〇〇万人程度では、とても跳ね返すことはできません。ですから、中国と提携するということは、中国に吸収されることを意味します。日本も、ベトナムと同じようにアメリカと手を結ばないかぎり、中国の同化圧力を逃れる道はないのです。中国に対抗できる力を持つのは、アメリカしかありませんから。

その点からも、反米主義や日米安保を廃棄して友好条約に変えるなどの議論はナンセンスです。安全保障面だけでなく、資源小国であり交易で利を稼ぐ日本にとって、基軸通貨を持つアメリカと事《こと》を構えないのは賢明な選択です。

アメリカに従属しない国はロシア・北朝鮮・イランなどかぎられています。他の国はなんらかのかたちで、アメリカの影響下にあります。アメリカに従属することを日本が是《ぜ》とするから、アメリカは日本を必要とするとも言えます。

米ソが対立した時代は、アメリカとソ連の軍事力が均衡していたので、対峙するかたちで冷戦状態になっていました。しかし、米中対決においては、軍事力には歴然とした差があるため、冷戦で均衡が保たれることはありません。今の力関係のままアメリカが中国を追い込むと、中国は核の力で均衡をはかろうとするでしょう。

シカゴ大学のジョン・ミアシャイマー教授（国際政治学）は、朝日新聞のインタビューにおいて、米中が戦争に発展する可能性はそれほど高くないのではないか、との質問に対して「私はそう思いません。中国側の戦況が不利になったり、米国が東アジアにおける軍事的関与を失ったりした場合、核兵器が使われる可能性が高まると予測しています。本土を直接攻撃するのではなく、海に威嚇発射するような『限定的な核戦争』が起きることを心配しています。米ソ間とは異なり、中国と、米国の同盟国との間の軍事バランスが均衡していないからです」と答えています（「朝日新聞デジタル」二〇二〇年八月一〇日）。

さらに「米中間で衝突が起こりうる場所は、南シナ海、台湾、東シナ海と3カ所あり、可能性は冷戦期よりも高い」と述べています（同）。ミアシャイマー教授は、大国は生存のために合理的に行動し、必ず覇権を求めようとするという「攻撃的現実主義」の代表論者として知られています。われわれは、彼の提言を冷静に受け止めなければなりません。

尖閣諸島より危険なのは……——佐藤

ミアシャイマー教授が米中衝突の起こりうる場所として挙げた東シナ海は、言うまでもなく尖閣《せんかく》諸島周辺です。二〇二〇年一一月、菅首相はバイデン次期大統領（当時）との電話協議に臨み、尖閣諸島が日米安全保障条約の適用対象になるとの言葉を引き出しています。大統領就任前の言及は異例です。

尖閣諸島周辺海域では、中国の公船（海警局《かいけいきょく》の武装艦船）の領海侵入が頻繁に起きており、二〇二一年六月には一一二日連続となり、記録が残る二〇一二年九月以降で最長となりました（「時事ドットコム」二〇二一年六月四日）。

二〇二〇年一一月二四日、日本で日中外相会談が行なわれ、茂木敏充《もてぎとしみつ》外相の領海侵犯に対する抗議に、王毅《おうき》国務委員兼外相は「我々も釣魚島（尖閣諸島の中国名）の情勢を注視している。一部の真相が分からない日本漁船が釣魚島周辺に入っている。中国側としてはやむを得ず、必要な反応をしなければならない」と反論しました（「朝日新聞デジタル」二〇二〇年一一月二五日）。「中国では『漁以外の政治的な目的で領海内に入る日本漁船もいる』（海警局関係者）との指摘があり、王氏の発言はこれを指すものとみられる」とも報じられています（同）。

この言葉を額面どおりには受け取れませんが、それでも中国側の「受け身」姿勢が見て取れます。なお、中国側が言う「政治的な目的で領海内に入る日本漁船」とは、八重山《やえやま》漁協に所属する「第一桜丸」などの行動を指していると思われます。第一桜丸のオーナーが、日本文化チャンネル桜の水島聡《みずしまさとる》社長だからです。

中国側が「能動的」になるのは、台湾に対してです。中国は、中華人民共和国憲法において「台湾は、中華人民共和国の神聖な領土の一部である。祖国統一の大業を成し遂げることは、台湾の同胞を含む全中国人民の神聖な職務である」と謳っています（畑博行・小森田秋夫編『世界の憲法集［第五版］』有信堂高文社）。

しかし、台湾は中国に簡単には飲み込まれません。台湾本島は南北に五つの山脈が縦走しており、それは総面積の半分近くを占めています。もし、中国が中国本土側から侵攻してくると、山脈を越えて占拠するには時間がかかります。その間に、アメリカ第七艦隊が到着、交戦するでしょう。

中国が台湾本島を完全制圧するには、台湾の東一一〇キロ、沖縄の与那国島《よなぐにじま》を占領して基地をつくり、そこで第七艦隊を迎え撃つ必要があります。ということは、台湾を占領することは、日本との戦争を意味します。中国がそのリスクを冒《おか》してまで行なうかというと、現状ではその可能性は高くありません。逆に言えば、中国がそこまでやると腹を決めたら、必ずや日中戦争になります。

相対的に、菅首相は外交はうまくやっていると思います。北方領土問題では、二〇一八年のシンガポールで行なわれた日ロ首脳会談の合意内容を引き継ぐことを明言していまず。「二島返還＋α」ということです。表の合意と裏の合意も継承するように、ロシア側とすり合わせているようです。

いっぽう、安倍晋三さんが政治的遺言として置いていった「敵基地攻撃能力の保有」は先送りしています。もっとも、菅政権が決定した敵の射程外から攻撃できる長射程巡航ミサイル（スタンド・オフ・ミサイル）の導入で、北朝鮮に対する抑止力は十分担保できますから、現実的な対応だったと思います。

衆院選・野党勝利の秘策――山口

国内でも、民主主義と権威主義の対決が予想されます。それが、菅政権の行く末を決めるであろう次期衆院選です。菅政権の強権を支持するのか、それとも民主主義を取り戻すのか、国民の選択が問われます。

民主主義による統治を旗印に掲げるのが、野党陣営です。しかし、比例代表だけではなく小選挙区でも勝たなければ、民主主義を取り戻すことも政治を変えることもできません。二〇二一年四月二五日に行なわれた北海道・長野・広島での補欠選挙・再選挙では、野党が完勝しました。ですが、これを野党への期待の高まりと見るのはまちがいです。コロナ対策の度重なる失敗、自民党議員の金権腐敗が明らかになった直後ですから、野党への支持ではなく自民党への批判ととらえるべきです。有権者が、自民党にお灸《きゅう》をすえたわけです。

この選挙の最大の成果は、野党側が小選挙区で定数一を争う戦い方をようやく体得し、野党共闘の有効性が証明されたことです。政策の近い政党はなるべく大きなかたまり（政党ブロック）をつくることが勝利の要諦です。そのリアリズムに関しては、自民党ははるかに優れていました。自民党は約二〇年前から公明党と連立を組み、選挙での必勝パターンを確立しています。

それまで、一定の組織力を持つ共産党は激しい反与党路線を取っていたため、他の野党は共産党と距離を置いていました。二〇〇九年に自民党への飽きによって民主党に突風の追い風が吹き、政権交代が実現しましたが、民主党は政党ブロックをつくることに無関心で、ブームが去ると党は瓦解《がかい》しました。

二〇一五年の安保法制反対運動で民主党と市民運動が共闘したことで、野党協力の機運は広がりました。翌年の参院選の一人区における候補者一本化は、政党ブロック形成の最初の試みでした。ところが、共産党との協力を嫌う保守二大政党論の勢力は、二〇一七年一〇月の衆院選の直前に希望の党を立ち上げ、これに反発したグループが立憲民主党を立ち上げます。野党陣営は分裂し、自民党に漁夫の利を与えてしまいました。

その後、リベラル路線の立憲民主党が圧倒的な野党第一党となり、野党陣営内における自民党への挑戦者を決める準決勝戦で国民民主党に勝利します。そして、今回の補欠選挙でようやく政党ブロックができたのです。二〇二一年六月に行なわれた東京都議会議員選挙でも、共産党との共闘は一応の成果を上げています。

野党協力による勝利が、与党へのお灸で終わってはなりません。また、いくつかの政党をかき集めて、かつての社会党のような批判と抵抗の勢力をつくる程度に終わってしまっては、政権交代は遠のくばかりです。

共産党の位置づけについてだけは、私は佐藤さんと見解を異《こと》にしています。日本中の政党がみな衰弱しているなか、共産党の組織も高齢化を続け、国政選挙の比例代表の得票数も漸減傾向です。もはや革命政党ではありません。「左側の公明党」として進歩派陣営の選挙協力で影響力を高めることが、共産党の唯一の生き残りの道と私は考えています。憲法、民主主義の擁護という点で協力できることは協力すればよいのです。

彼ら自身、近い将来フルスペックの連立政権に参加できるとは思っていないでしょう。連立政権という政党指導部の自立性を不可欠な要素とする政治ゲームに共産党が参加することは困難です。とにかく、民主党政権崩壊後に崩れた政党政治のバランスを回復することが優先課題です。

ワクチン確保の遅れ、場当たり的な営業自粛要請、不十分な補償……。どれを取っても、菅政権の統治能力の欠陥は明らかです。為政者は国民の生命・財産を守らなくてはならないのに、それをしていないのです。そのことを野党は国民にきちんと訴えるべきです、具体策とともに。

菅政権の延命策——佐藤

菅さんには、自身の総裁任期満了前に、首相として衆議院解散に踏み切る選択肢があります。具体的には、自民党の総裁任期は二〇二一年九月末、衆議院の任期満了は一〇月二一日ですが、衆議院の任期満了前に解散、衆院選を行なうのです。

菅さんは、次のシナリオを考えているかもしれません。——衆院選では議席数を減らしても、野党陣営に負けることはないだろう。与党であることを守ることは勝利と言っていい。国民の審判を仰いだ首相を総裁選で落とせない。強力な対抗馬も生まれないだろうし、もしかしたら無投票になるかもしれない——と。もし、シナリオどおりになれば、総裁任期は三年ですから、長期政権への足がかりとなる可能性があります。

私は、立憲民主党にとって、コロナ禍が権力奪取の絶好のチャンスだと見ていました。「シロアリ戦術」という閣外協力について前述しましたが、それが三カ月、あるいは半年続けば、菅政権は立憲民主党を閣外協力のままにしておくわけにはいかなくなります。つまり、立憲民主党の何人かが閣内に入る。そこで経験を積み、徐々に立憲民主党への支持を広げていくのです。たとえば、厚労大臣を務めてコロナ対策を成功させます。すると、国民やメディアは「なかなかできるじゃないか」と評価が変わり、いつの間にか政権を乗っ取っていた、という可能性はなくはないと思います。

二〇〇七年、福田康夫首相と民主党の小沢一郎代表は民主党が政権に参加する「大連立構想」を積極的に進めました。小沢さんは政権に参加して、現実的な行政経験を積み、官僚との仕事のやり方を覚えることが、民主党にとって将来の政権運営に役立つと考えたのです。ところが、当時は民主党単独での政権奪取の実現が可能という空気が強かったこともあって党内の大反対に遭《あ》い、この構想は頓挫してしまいました。

五輪後の日本政治――山口

イギリス政治に、その前例があります。第二次世界大戦中の一九四〇年、ウィンストン・チャーチルが率いた保守党内閣に、クレメント・アトリー労働党党首が王璽尚書《おうじしょうしょ》(国王の御璽《ぎょじ》を管理する大臣)として入閣しました(のちに副首相)。労働党は戦争終結後の最初の選挙で保守党に圧勝、チャーチルに代わってアトリーが首相に就いています。

コロナ禍対策で時限的に大連立政権をつくり、立憲民主党が政権運営の経験を持つことには大きな意義があると思いますが、実現性は低いでしょう。いっぽう、佐藤さんが言われた、総裁選前に解散選挙を行なうシナリオは十分ありうると思います。時期としては、パラリンピックの閉会後でしょう。まさに「宴《うたげ》のあと」です。

野党が一気に政権奪取とはいかないまでも、腹を据えて野党共闘を貫いてもらいたいですね。自民党は必ずや、体制選択論や反共攻撃を仕掛けてくるでしょう。野党側は、日本国憲法の原理を守り、民主主義を回復するという大義を示すとともに、選挙に勝つために政党ブロックをつくるのは自民党が先にやったことであり、何が悪いと開き直るくらいの覚悟が必要です。

野党連合の旗印は「立憲主義の擁護」「安保法制の廃止」ですが、これを実現するプロセスについては、鳩山由紀夫政権の失敗を教訓に戦略的な対応を考える必要があります。ただ、佐藤さんが指摘したドイツにおける第二次世界大戦後の自重というスタンスを、日本も守ることが必要です。日米安保体制を変えることはできないと思いますが、中国敵視に同調して戦争を選択肢にするという発想は取るべきではありません。

共産党アレルギーを持つ連合（日本労働組合総連合会）への配慮は、国民にとっては

「政界の内輪話」のようものですから、それほど気にする必要はないでしょう。連合は、政党間の選挙協力には関知しないという従来の方針を守ってもらいたいと思います。それよりも、政治を転換するための野党共闘という明確なメッセージを外に向かって発して世論の支持を得ると同時に、指導力を確立することが先決です。

連立政権をつくるにあたって、共産党との関係をどうするかを明らかにしなければなりません。たとえば、共産党は閣外協力の位置づけとして、首班指名・予算・政策合意を実現するための法案に賛成してもらうのです。共産党に重要な委員長ポストを持ってもらい、法案審議と調査機能の充実をはかることで、共産党の活躍の場を広げるのは、新たな国会地図という意味でも、議会政治に有益です。

民主主義の危機という世界の潮流にあって、権力のありようも交代可能な民主主義と長期化する権威主義とに二分されています。日本は民主主義を守るためにも、次期衆院選ですぐに政権交代が実現できないとしても、政権交代可能な選挙モデルを示さなければならないのです。

コロナ危機で、国民の生命・生活が脅かされている今、合理性と言語能力を持つ政権をつくることが急務です。「この政党と組むのは嫌だ」と言うのは、政党や団体の身勝手です。また、今の日本の政党政治は大きな過渡期にあり、野党協力の枠組みが未来永劫《みらいえいごう》続くわけではないでしょう。政党は、当面の課題を解決するために戦略的に行動すべきです。

おわりに——民主主義を取り戻すために

山口二郎

東京オリンピックと新型コロナウイルスの感染拡大が重なる二〇二一年八月はじめに、この「おわりに」を書いている。世界最高レベルのスポーツがもたらす興奮と、最悪のコロナ感染という恐怖が入り混じる未曽有《みぞう》の状況のなか、菅義偉首相は現状をどう考え、これから何をしたいのか、明確な言葉を発していない。

政治という営《いとな》みに、国民の生命を救うための果敢な行動を期待する者には、欲求不満が溜まる状況である。その意味で、菅首相が「異形の権力者」であることは、本書の議論で示したとおりだ。

オリンピックやパンデミックは、この権力のもとで日本の社会・文化が大きく変容していることをあぶりだした。日本の役所は融通が利かない、権威主義など、さまざまな批判があるものの、決まったことをきちんと実行する、ごまかしがないという信頼感もあった。しかし、今回のワクチン接種をめぐる混乱では、その信頼感が揺らぎ、日本の行政組織の能力低下が明らかになった。

また、日本では初等中等教育の水準が高く、一定水準のリテラシーが国民に行き渡っていると思われてきた。もちろん、差別や偏見は昔から存在したが、建前《たてまえ》の世界と本音《ほんね》の世界を識別する常識は存在した。しかし、オリンピックの開会式に関連して、音楽家や演出家の過去の人権・人命を軽侮する言動が明らかになった件では、人間としての道義や共感を持たない人々が国家的イベントに取り立てられていることが露呈した。

このように、日本の政治や社会の底《そこ》が抜けた状態を反映しているのが、「異形の政権」なのかもしれない。しかし、そうした分析でとどまっていては、本書を世に問う意味はない。

佐藤さんと私では、権力への向き合い方・かかわり方が大きく異なる。しかし、私たちにはシニシズム（冷笑主義）を拒絶し、理性と啓蒙の立場で政治のあるべき姿を論じるという共通点がある。権力の内側・外側の両方から、権力の異形性を明らかにすることは、民主主義を取り戻すために必須の作業だ。外交政策にコミットした佐藤さんによる権力の実相に関する分析から、さまざまなことを教えられた。佐藤さんと話すと、人間の知の営みの展開を千年単位で解き明かしてくれる恩恵に与《あずか》ることができる。

人類はこれまで何度も危機に遭遇し、今日《こんにち》まで生き延びてきた。二一世紀前半の課題は、気候変動・パンデミック・狂信と不寛容の跳梁跋扈《ちょうりょうばっこ》など、二〇世紀後半の平穏な時代を生きてきた者にとっては、恐ろしいものばかりである。しかし、危機を乗り越えるには、何が問題で、どのような解があるかを考え、語り合うことを積み重ねるしかない。

マルティン・ルターは、「たとえ明日世界が滅亡しようとも、今日私はリンゴの木を植える」と言ったと伝えられている。佐藤さんは、深い信仰にもとづいて多くの木を植え続けている。私も、対談というかたちで何本かの木を一緒に植えられることを心より感謝したい。

なお、原稿の整理・編集にあたっては、祥伝社の飯島英雄氏およびライターの戸井薫氏にお世話になった。お礼を申し上げたい。

二〇二一年八月

編集協力　戸井　薫
本文デザイン　盛川和洋
DTP　キャップス

★読者のみなさまにお願い

この本をお読みになって、どんな感想をお持ちでしょうか。祥伝社のホームページから書評をお送りいただけたら、ありがたく存じます。今後の企画の参考にさせていただきます。また、次ページの原稿用紙を切り取り、左記まで郵送していただいても結構です。

お寄せいただいた書評は、ご了解のうえ新聞・雑誌などを通じて紹介させていただくこともあります。採用の場合は、特製図書カードを差しあげます。

なお、ご記入いただいたお名前、ご住所、ご連絡先等は、書評紹介の事前了解、謝礼のお届け以外の目的で利用することはありません。また、それらの情報を6カ月を越えて保管することもありません。

〒101-8701（お手紙は郵便番号だけで届きます）
祥伝社　新書編集部
電話03（3265）2310
祥伝社ブックレビュー　www.shodensha.co.jp/bookreview

★本書の購買動機（媒体名、あるいは○をつけてください）

＿＿＿＿新聞の広告を見て	＿＿＿＿誌の広告を見て	＿＿＿＿の書評を見て	＿＿＿＿の Web を見て	書店で見かけて	知人のすすめで

★100字書評……異形の政権

名前

住所

年齢

職業

佐藤 優　さとう・まさる

作家、元外務省主任分析官。1960年生まれ、同志社大学大学院神学研究科修了後、外務省入省。在ロシア日本国大使館書記官、国際情報局主任分析官などを経て作家活動に入る。著書に『国家の罠』(毎日出版文化賞特別賞)、『自壊する帝国』(新潮ドキュメント賞、大宅壮一ノンフィクション賞)など。

山口二郎　やまぐち・じろう

法政大学法学部教授。1958年生まれ、東京大学法学部卒業。同大学法学部助手、北海道大学法学部教授、オックスフォード大学セントアントニーズ・カレッジ客員研究員などを経て現職。専門は行政学、現代日本政治論。著書に『民主主義は終わるのか』、共著に『戦後政治史 第四版』など。

異形《いぎょう》の政権《せいけん》
――菅義偉《すがよしひで》の正体《しょうたい》

佐藤《さとう》 優《まさる》　山口二郎《やまぐちじろう》

2021年9月10日　初版第1刷発行
2021年9月20日　　　第2刷発行

発行者……………辻 浩明
発行所……………祥伝社しょうでんしゃ
〒101-8701　東京都千代田区神田神保町3-3
電話　03(3265)2081(販売部)
電話　03(3265)2310(編集部)
電話　03(3265)3622(業務部)
ホームページ　www.shodensha.co.jp

装丁者……………盛川和洋
印刷所……………萩原印刷
製本所……………ナショナル製本

造本には十分注意しておりますが、万一、落丁、乱丁などの不良品がありましたら、「業務部」あてにお送りください。送料小社負担にてお取り替えいたします。ただし、古書店で購入されたものについてはお取り替え出来ません。
本書の無断複写は著作権法上での例外を除き禁じられています。また、代行業者など購入者以外の第三者による電子データ化及び電子書籍化は、たとえ個人や家庭内での利用でも著作権法違反です。

© Masaru Sato, Jiro Yamaguchi 2021
Printed in Japan　ISBN978-4-396-11637-8　C0231

〈祥伝社新書〉

佐藤 優・山口二郎 著

『長期政権のあと』

安倍政権の本質を見抜き、長期政権の崩壊とその後を予測した警世の書。

水野和夫・山口二郎 著

『資本主義と民主主義の終焉 ――平成の政治と経済を読み解く』

歴史的に未知の領域に入ろうとしている現在の日本。両名の主張に刮目せよ。